「世界史」の話

有馬 東洋男

高城書房

はじめに

大疑社の創設者である著者が、終生を師事してきた2人の先生の、「大疑の師」は、「血盟団事件」の四元義隆さんで、「学問の師」は、「期待可能性の思想」の「刑法学」の佐伯千仞さんですが、四元さんから昭和19年の10月に、「終戦工作に入る」旨の話があって即座に合点していたので、20年の2月末日の明日で、長崎の「三菱造船所」への「工場動員」が終わるのを待っているところで、3月2日入隊の現役召集となったわけです。

なお、「兵士」に召された際の覚悟はできていますから、岩波文庫の「古事記」1冊だけを携帯して入隊したところ、「野戦補充員」と云うことで4月初めには玄界灘を渡り、中国・山西省に従軍中に8月15日となり、「終戦」の「玉音放送」を拝聴する「運び」となったことから、四元さんの「終戦工作」が、こういう形で結実して、「日本民族」を、「1億玉砕の淵」から救出された「御聖断」と感銘しながら、「戦争」を支持して「1億玉砕論」にまで脱線した「独善的」な「国史観」ではなく、「日本民族」にふさわしい新しい「日本史観」を探す必要があると考えていたそうです。

従って、中国共産党の「八路軍」に対する「国府側」の「傭兵」として抑留されることになり、9月中旬に新設の「農耕隊」に転属し、復員までの居所も定まったとして、「古事記」を手にした瞬間に、中学時代に始めて読んだ時からの「持論」を思い出しています。

その「持論」と云うのは、「古事記」を、素直に読めば「水稲耕作」を伝来した「揚子江流域」からの渡来民の「渡来記」で、「神武東征」は、日向から大和へ「開拓移民」として移住した「渡来系」の自称「天孫族」が、「水稲耕作」を伝授する1方、先住の「縄文人」と融合して「大和国家」の形成を主導し、その「初代の首長」に「神武天皇」が即位された物語と読んで、「縄文人」と「渡来民」が融合した「日本列島」の「人類史」が、「日本史」で、「建国神話」から始まるのは、「国史」であるとの理解でした。

然し、「縄文人」と「渡来民」が融合して「日本民族」となったと云うだけでは、空虚であると考えた瞬間に閃いたのが、「地球規模」の「人類史」を「世界史」とし、「日本列島」の「人類史」を、「分流」の「日本史」として、「世界史」と「日本史」の「全体と部分」、「普遍性と特殊性」の関係の「世界史の理論」を模索すれば、最も信頼できる「日本史観」も探せると発想したそうです。

と云う次第で、50年代の10年を勤めた高校教師時代に、「人類」が「ムレをなす動物」の1類で、「唯1の文化的動物」であることにも気付いて、「模索」を準備する形となり、「会社勤め」に転職して上京した61年に、「世界史の理論」の模索に着手し、「日本列島」の「人類史」の1万2千年を遡ることにして早々に、「旧石器」の遺跡を残している「旧人」が「ムレ」をなす「自然的生態」にあって、「現人」の「縄文人」が「集落」（ムラ）をなす「文化的生態」にあることに気付いたわけです。

「ムレからムラへ」の「文化」による変容を認識し、最終的に「ムレの段階」と「ムラの段階」を認識したわけで、「社会体制」の相違によって「時代」を画する「西欧発」の「発展段階説」とは異なる、「生態」によって「段階」を画する「世界史」に係る「発展段階」を認識したわけですが、その「段階の移行」を「1万2千年前」と推論できることから、「世界史」と「日本史」との「神妙な関係」を印象し、「日本史」を「手引き」に爾後の「地域世界史の段階」と「世界史の段階」をも認識します。

なお、「世界史の理論」を模索することにして、先ず「名称」からして何の変哲もない「4つの段階」を認識しただけでなく、その「4つの段階」で、「世界史」の「人類史」を網羅する「世界史の理論」の「存在」と「骨格」を印象したことには、誰よりも本人が驚いたようですが、同時に、その「4つの段階」と「現代化」に係る「合意」について、著書の見解を多く述べることは、細心に忌避してきた「史観」の主張になると考えたようです。

と云うよりも、人夫々に、「想像」と「推測」を展開できる「段階」となっているから、「4つの段階」の存在を披露し、21世紀を迎えた「人類」が、「現代化」に係る「合意」を求められることだけを指摘して、後は、人夫々の「推論」に委ねることが必要だと考えているようで、その為に、「世界史の理論」を模索することにした「契機」と「経緯」の記述に多くを割く形になっていることを御理解いただければ、幸甚です。

ところで、「終戦」の「玉音放送」をどう聞いたかは、同じ「日本人」でも「百人百様」であった筈で、著者は、「民族の首長」に回帰されての「御決断」で、「日本民族」を「1億玉砕の淵」から救出された「御聖断」と感銘し、その「御聖断」に応えるには、新しい「日本史」が必要であるとして、「世界史の理論」の模索を発想したわけで、その模索に着手して図らずも、「世界史」と「日本史」の「神妙な関係」に出会い、「世界史の理論」の「4つの段階」をも、素直に認識する「運び」となったことには、著者自身が驚いているわけです。

なお、「世界史の理論」を模索する「発想」が、他に見当たらないことについては、「歴史の研究」が、「歴史」を後追いする研究で、その研究が始まったのは、「地域世界史の段階」も中期を過ぎて、多くの「歴史書」が出現してからのことであるとし、20世紀を迎えての「最新の発想」が、「共同体」の態様で「時代」を区分し、「歴史」を「時代の軌跡」として追跡する「西欧発」の「発展段階説」で、「世界史」を模索しようと発想までには、至っていないと見ているようで、本書で「世界史の理論」を披露し、「現代化」について問題指摘することで、模索の1段落を考えている気配でした。

然し、本書の「校正」を行っている中で、「世界史の理論」の模索の発想は、新しい「日本史観」を探すことであったとの「初心」を思い出して、〈「日本史」の話〉の著述と始めたようですから、「大疑社」としても、3部作の1つとすることを予定したところです。

発行人　大疑社同人　井上一夫

「世界史」の話※目次

第1話　緒　話

僕は、大正１３年（１９２４）の１月に生まれて、昭和の「１５年戦争」の最中を成長し、旧制の高等学校を卒業した昭和２０年の３月２日に現役召集されて、「終戦」を北支・山西省の戦場で迎え、２１年の５月末日に復員して、「戦後」を大学への復学から始めた「戦中派」ですから、平成２９年（２０１７）を、９３歳の後期高齢者として生きている１人の「庶民」ですが、「人並み」を聊か外れた人生となっているのは、「市井」に渡世する「庶民」の立場で、「世界史の理論」を模索してきたことでしょう。

「世界史の理論」の模索を思い立った「契機」と「経緯」は追々話しますが、中国・山西省の雲城という古都で「終戦」を迎えた旬日後に、省都の太源近くまで撤収したところで、閻釈山の「傭兵」として抑留されることになり、新設の「農耕隊」に転属した日の夜に戦後では初めて、岩波文庫の「古事記」を手にしたところで、「敗戦」を機会に「戦争」を支持してきた「独善的」な「国史観」を卒業して、新しい「日本史観」を探す必要があると考えました。

そのことが「契機」で、「地球規模」の「人類史」を「世界史」とし、「日本列島」の「人類史」を１つの分流の「日本史」として、その「世界史」と「日本史」に係る「世界史の理論」を模索すれば、最も信用できる客観的な「日本史観」が探せると発想したわけです。

そのような「理論」の模索が、可能かは問題でなく、模索したいと考えたから、模索することにしたもので、同じような発想の模索は、見当たらないことから、他には例のない「理論」になっていると考えたので、通常の「論文」を発表するような「書式」ではなく、その「理論」を模索した際の様々な「思索」の「契機」や「経緯」をも、披露することにして工夫したのが、本書の「雑談形式」で、その「書式」に合わせて、「第1章」の「緒論」ではなく、「第1話」の「緒話」と表記することにしました。

然し、模索してきた「世界史の理論」は、飽くまで「歴史」に即した「客観的」で「論理的」な「理論」で、特に、論者の「主張」（イデオロギー）に引き寄せた「史観」の、「主観的」で「恣意的」な「歴史解釈」になることを忌避したものですから、「理論」としての完成度は未熟でも、誰もが認められる「理論」になっている筈であると自信しています。

ここまで書いてきたところで思い出したのが、「雲城」の「旅団司令部」の営庭で、「終戦」の「玉音放送」を、「日本民族の首長」に回帰されての「御聖断」と拝聴したことです。こういう形の「終戦」しか無かったと、納得しながら、「先生」から19年の10月に話があって、即座に「最後の昭和維新」と合点していた「終戦工作」とは、「日本民族」を「1億玉砕の淵」から救出する「御決断」を願うことであったと理解して、「日本列島」の「人類史」の所産である「日本民族」の「歴史文化」に感銘したわけです。そのことが「伏線」となっていたので、「古事記」を手にした瞬間に、中学時代に初めて「古事記」を読んだ時からの「持論」をも想起することになったようです。

なお、「終戦」の旬日後に、省都の太源近くまで撤退してきたところで、「八路」に対する「傭兵」として抑留されることになったと聞いて、「農耕隊」の新設を建言したのは、「終戦」の「御聖断」で救出された兵士の「命」は、「日本」に帰り着くべき「命」で、「野菜」だけでも自給して「養生」すべきであると考えたことと、復員して「開拓塾」を開設する必要を感じた際の「農事」を、戦友の鳥取高農生に学ぼうと考えてのことでした。


地方では農民であった中年兵を募集しての「農耕隊」となったことから、「衛兵隊」では「初年兵」に過ぎない「幹候上がり」の「ポツダム兵長」の戦友3人と、「内務班長」として転属したところ、「内務班」の編成から1人がはみ出すことになったので、僕が引き受けて「図書室」を拵えて居住することにし、戦後では初めて「古事記」を手にした瞬間に先ず閃いたのは、「日本列島」の「人類史」を「日本史」にするという発想で、先にも述べたように、中学時代に始めて「古事記」を読んだ時からの「持論」を想起したものでした。

然し、それだけでは、「空虚」であると気付いて、次の瞬間に閃いたのが、「日本列島」の「人類史」を想起したことからの連想で、「地球規模」の「人類史」を、「世界史」と観念すると、その「世界史」と「日本史」とは、「全体と部分」・「普遍性と特殊性」の関係にありますから、その「関係」に係る「世界史の理論」を模索すれば、客観的で信頼の出来る「日本史」を、考察する論理になると考えたわけです。

なお、中学時代に初めて「古事記」を読んだ時は、神々が出て来る「神話」には違いないが、日本に「水稲耕作」を伝来した「渡来民」たちが、「東支那海」を渡航してきた「渡来記」と読むと同時に、「神武東征」を、「日向」から「大和」へ移住した開拓民が「天孫族」を自称し、先住の「縄文人」に「水稲耕作」を伝授すると同時に、「大和国家」の形成を主導して、代表の「神倭磐余彦」が「初代の首長」の「神武天皇」として即位された話と理解して、「渡来人」と「縄文人」が融合して、「日本民族」の祖先となった物語と読みました。

「戦後」の学校の「日本史」は、「縄文時代」に始まる「日本列島」の「人類史」となっているようですが、「考古学」の研究があるから、併記することにしたという印象で、その「縄文時代」と、「建国神話」に始まる「国史」との「融合」が説かれていないことから、「縄文文化」に格別の関心を抱いている岡本太郎とか梅原猛という人も、「縄文人」を「日本民族」の祖先とすることを躊躇されているようです。

なお、「世界史の理論」を模索する中では、「縄文のムラ」を統合した「弥生時代」の「大和」の「氏族国家」の初代の「首長」が、「神武天皇」で、「古墳時代」の、「近畿」の「部族国家」の初代の「首長」が、第１０代の「崇神天皇」であると、推論しています。

一、「日本人」の「庶民」として「世界史の理論」を模索してきた遍歴の話

昭和21年の5月末日に中国から復員したところ、既に「日本国憲法」の「草案」なども公表されているだけでなく、国民も、「占領政策」を見切ったような落ち着きを示していましたから、「開拓塾」は無用と考えると、「昭和維新」に関心して疎かに過ぎた「学校生活」への思いに急かれて、「戦後」を「大学」への復学から始めることにしました。だが、そこで気付いたことは、20年の1月に大学を選択した時とは「状況」が一変していて、「戦後」を如何に生きるかを決めないと、「大学」で何をどう学ぶかも定まらないということでした。

特に僕の場合は、先生の「終戦工作」に捨身して、「終戦後」まで生きる予定がないことから、高校は「文科乙類」でも「立身出世」とは「縁切り」している立場を宣明する形で、京大の「理科系」の「農業経済学科」に進学していたので、「世界史の理論」を模索するには、「生活」の間口を広げる必要があると考えて、22年の3月に「法学部」に転部しました。その上で、23年の3月までを先生に勧められた「禅塾」などで思案することになり、「市井」に渡世する「庶民」として模索すると思い定めて、23年の4月から人並みに通学を始めたわけです。

なお、僕が通学を始めたと知って、1年上級の3回生になっていた旧制高校での同級生たちが、高校の先輩でもある1人の「学者」を、お訪ねするようにと奨めますが、「法学」の

「法」も知らずに、お訪ねするのは「失礼」と考えたことと、「昭和維新」に関心して出会った「先生」とのことから、「縁」のある方なら、「縁」が熟するのを待てばよいと考えたことから、御専門と聞いた「刑法学」の本を読むことにしたわけです。だが、御著書が見付からないことから、他の学者の著書を読み始めて半年近くが経過した10月に、1人の友人が著書の「刑法総論」を見付けてくれました。

読み始めると、見事な「型的思惟」の論理が展開されていて、徹夜して読み上げた時には、「学問的志向」を伴わない心情だけの「志」の空しさまで自覚して、「学問的思考」の重要性にも気付いたことから、翌朝の10時過ぎに宙を駆けて門を叩き、入門を願って玄関に居座る形になりました。根負けされて応接室に通されて、「数学は好きか」に「好きです」と答え、「幾何は」に「得意です」と答えたのが、「入門の問答」となりました。

終生を師事することになる「学問の師」との出会いで、「先生」が、高校時代は「社会問題研究会」で、僕が対極の「日本主義」の「学内団体」であったという関係は、僕が「世界史の理論」に関心していることで問題は無く、先生の「刑法学」の学習も「緒」についたばかりの50年に大学を卒業することになり、「学問」を続けられる環境を切望したところ、友人たちの世話で、旧制高校の母校が存在した地方都市の名門高校の「一般社会」の教職を奉ずることになり、僕の「大学院時代」と回顧する50年代の10年になったわけです。担当する「一般社会」の関係で、政治・経済・社会に係る基礎的教養をも、「学びながら教える」という機会となっただけでなく、「マルクス主義」と「今西学」をも勝手読みして、「世界史の理論」の模索をも準備することになりました。

従って、60年の「安保騒動」を機会に「会社勤め」に転職して上京した61年に、「世界史の理論」の模索にも着手したわけですが、「日本人」の「庶民」としての模索ですから、「日本列島」の「人類史」の1万2千年を遡ることにして早々に、「縄文人」が「集落」（ムラ）を造成して、「世界最古」の「土器」を「生活用具」とする「文化的生態」にあることに気付いて、「旧人」の「ムレの段階」から「現人」の「ムラの段階」への移行を認識しました。

なお、その61年は、旧制高校の先輩の池田首相と佐藤首相の「高度成長」の「国内経済の季節」と鉢合わせすることになり、2人の先生の関係と高校の同窓関係から、「視野」も「人脈」も、一気に「日本大」に拡大して、定年で「勤め」を辞めた80年には、「世界史の理論」の「骨格」を成す「4つの段階」の、「旧人」までの「ムレの段階」と、「日本史」の「縄文時代」が該当する「ムラの段階」と、「日本史」の「弥生時代」から19世紀の「江戸時代」までが相当する「地域世界史の段階」と、19世紀に始まる「日本の近代」以降が該当する「世界史の段階」を、認識していました。

従って、80年代に、「世界史の段階」の「最初の時代」を考察して、「西欧の近代」と重層し、「西欧の近代」が「世界」を「植民地支配」する「時代」となっている「現実」を見て、「世界史の近代」と認識しました。そう認識したこととの関連で、第2次大戦後に、その「植民地支配」を拒絶した「新興独立国」が輩出していることに気付いて、「世界史」の「時代転換」の始まりを認識すべき「事態」と考え、その「時代転換」で出現する「時代」を、「世界史の現代」と観念し、その「世界史の現代」が実現すれば、地球上の「総ての国」が、その「現代」に相応する「現代化」を迫られることになると推論しました。

というような次第で、「世界史の理論」の模索の「最終のテーマ」は、「現代化」の考察になると推論したことは、さておいて、「冷戦」を、「近代」と「ポスト・近代」の対立とする見方が支配的で、「新興独立国」は、「後進国」として「第3極」に押し遣られる運びになりましたから、「現代化」の考察は、「冷戦後」まで「先送り」できると考える1方で、ソ連や中国の「原・水爆」と「衛星技術」の開発とか、「植民地」を喪失した西欧諸国の「EC」から「EU」への動きなどの「現代」を準備するように見える「現象」を数え立てているところで、1989年の1月となり、「昭和天皇」が崩御されて、「昭和」が終焉することになりましたから、取り敢えず「戦後の昭和」を「15年幅」の「季節」で整理することにしました。

先ず、60年までを「国内政治の季節」とし、次いで75年までを「国内経済の季節」として、90年までを「国際経済の季節」を設定したところで、年末近くになり、「ソ連」が解体して、「冷戦」が解消する「運び」となりました。

1、「昭和維新」に関心して「終戦工作」を「最後の昭和維新」と合点する話

僕が生まれた大正13年（1924）の「時勢」は、「第1次大戦」の「戦後」というべき「時勢」で、「世界大戦」への参戦による「戦争景気」を機会に、「経済の近代化」（資本主義体制化）が完成して「工業倶楽部」も結成され、「近代国家」の仲間入りをしました。「国際連盟」では、「常任理事国」にもなっているわけですが、「明治時代」の「裏街道路線」の山県の「大陸侵攻策」を、「対華21ヵ条要求」と「シベリア出兵問題」で不用意に露出したことで、米国の警戒を招いての「9ヵ国会議」と「軍縮会議」となり、「関東大震災」までが加わっての錯綜した「戦後情勢」となったところで、大正13年には、「憲政党」の加藤内閣となり、14年には「治安維持法」と「普通選挙法」を公布して、それなりの「対応」をしています。

然し、「開化」の「国家主義」の「明治憲法体制」の「体制派」は、「国家主義」の「危機的状況」として、加藤首相が病没した後の若槻内閣の台湾銀行の救済に係る「緊急勅令案」を、枢密院が否認する形で総辞職に追い込んだ昭和2年に、山県直系の田中義一首相を実現して、「昭和の15年戦争」へ傾いて行く「時勢」を実現しています。

尤も、そのような「時勢」は、「幼児期」の子供の全く関知しないことで、「世の中」のこ

とで覚えているのは、小学校に入学した昭和5年の「陸軍記念日」の講演で、朝鮮半島が日本の横腹に突き付けられた短刀の形となっていると聞いたたことです。次は、2年生時の「満州事変」と「満州国の建国」で、その次が、3年生時の「5・15事件」と「国際連盟の脱退」となります。「満州事変」については、「戦場」が「敵地」の「事変」という名の「戦争」ですから、後ろめたい気持ちを覚えていましたが、「国際連盟」の脱退を歓呼する大人たちを見て、「侵略」は「禁句」であると合点しました。だから、中学時代の「支那事変」までの「戦争」のことは、見ざる・聞かざる・言わざるで過ごす中で、11年の「西安事件」のことは覚えていたので、中国山西省に従軍することになった時に、真っ先に思い出しました。

尤も、中学5年生の12月に「開戦」した「大東亜戦争」は、米・英が相手の「世界大戦」となっていることと、「進学志望」を「予科練」に変更した友人を見送ったことなどから、「他人事」では済まなくなっていました。「相対的」な「総力戦」であることは、さておいて、「大東亜戦争」という「名分」通りの「聖戦」であるなら、「神風」も吹くだろうと考えながら、「満州事変」や「支那事変」の延長の「侵略」でないことを願っていました。だから、「開戦」から1年が経過した昭和17年の11月の或る日の街頭で、初めて「非国民」という声を耳にした時は、その「非情」な響きが耳について離れず、総てを「国」に捧げている「国民」への侮辱と聞いたことから、同じ「天皇の赤子」である筈の「自国民」への扱いがこれなら、占領地の「他国民」への扱いは推して知るべしとなったわけです。

然し、「聖戦」と為す「術」（スベ）を知らないことから、困った時の「神頼み」で、「神社詣で」を始めたのは、「神主」の家系に生まれた者としては、当然で自然的な発想でしたが、高校受験に失敗しての1浪中で、「受験勉強」を中止しての「神社詣で」を続ける中で考えたのは、「神」に通ずる「祈り」となるためには、それなりの「捨身」が必要では無いかということで、小学3年生の時の「5・15事件」を思い出して、「昭和維新」に関心することになりました。18年に入学した高校では、大正12年に設立された「日本主義」の「学内団体」に入会していたところ、10月に「学徒出陣」となったので、猶予が無くなったと考えて12月の期末試験が終わった日の夜行で上京し、心当たりを訪ねたところ、「戦争協力」が優先していて、「昭和維新」を切り出せる雰囲気では無いことから、抑々の「発想」を異にすると気付いて離京し、高校の「会」から出直すことにしたわけです。

然し、格別のことを、思案できないままに、「兵士」に召されることになったら、「吾1人は、聖戦を戦う」と思い定めていた19年の5月に、偶々「会」の所用で上京したところ、所用が終わった日の夜分遅くに、1人の先輩に連れられてお訪ねしたのが、東大の学生で「5・15」と同心の「事件」に関与され、仮出獄されている方のお宅で、既に1度は「捨身」されている薩摩の先輩でもありましたから、当に会うべき方に出会えたと印象して、終生を師事することになりました。なお、8月から「工場動員」で出掛けていた長崎に、先生が立ち寄られるとの連絡があった10月の日曜日に、日帰りで帰熊し、旅館での夕食が終わったところで、「終戦工作に入る」旨の話があって即座に、「最後の昭和維新」と合点したわけです。

その時に、昭和17年6月の「ミッドウエーの敗戦」から頽勢に陥り、竟に建て直すことが無かったとの話もあって、僕が「昭和維新」に関心した時には、既に「時」を失していたことを知りました。「時勢」を知らないことの空しさをも自覚しながら、長崎へ帰る時刻が迫って、揮毫して頂いた扇子の「大疑」の2字は、「終生」の「指標」と大事にしています。なお、後年、先生の応接室に山本玄峰老師の「大疑」が掲額してあって、相伝の「2字」と納得したわけですが、先生を供とされた老師が、鈴木総理を訪ねて、「大関には、大関の負け方があります」と、「終戦」を説かれたことを聞きました。

又、20年の8月15日には、学生2人と鈴木首相の身辺護衛に当たっていた先生の高校の後輩の、Kさんが愛用していた頭陀袋は、僕が継受して重用していますから、僕が学生の1人である可能性があったことは、さておいて、20年の2月末日の明日で「工場動員」が終わるという日の夜、東京に派遣していた下級生の1人が、報告に長崎に来たので、同級の友人たちの多くが予備学生や特甲幹で入隊して空き室が多くなった学徒寮の1室で、東京の話を聞きながら、3月の早い時期の上京を考えていました。そこに届いたのが、「3月2日入隊」の召集通知を知らせる電報で、急遽帰省して部落の「壮行会」に出席することになりました。

2、「終戦後」を中国に抑留中に「世界史の理論」の模索を思い立った話

その「部落」の「壮行会」で「終戦の覚悟」を説いて挨拶とした翌日に、岩波文庫の「古事記」1冊だけを携行して、入隊先へ向かったわけですが、入隊先が「重砲連隊」であるのは、何かの間違いだろうと考えながら入隊すると、「野戦補充員」としての集合入隊で、4月の始めに乗船したのが、釜山への連絡船と聞いて行く先は「中国」と推論し、船上で先生のご奮闘を祈って、お別れとしたわけです。

なお、釜山で乗車した貨車が天津駅に停車中に「空襲警報」があって、雨中を防空壕に走る途中で拾った新聞が、「鈴木内閣」の閣僚名簿を報道している中に「阿南陸相」とあるのを見て、東京に派遣した者の話を思い出し、「終戦内閣」と確信しました。その翌々日に、北支・山西省の石太線の小駅前の「独立中隊」に入隊したところ、入隊したのは、僕と同じ学徒兵ばかりで、皆が、内務班に備え付けの木箱の横に、「幹部候補生」の受験用に携帯した「操典類」を積み上げる中で、岩波文庫の「古事記」1冊だけの新兵には、古兵たちが驚いたようでした。僕の方は、「幹候」のことなどは、全く念頭に無かったことに苦笑しながら、終戦までの貴重な時間を「中国」に派遣されたことを、無駄にしてはならないと考えていました。

従って、「当面の敵」が、中国共産党の「八路」で、「抗日戦争」が、中国共産党の「実践

の場」となっている皮肉に苦笑しながら、早々に「人民中国」の出現を予感しました。又、入隊した翌日の物干場から見た山の稜線に動く人影は、「八路」の兵隊と知って、思い出したのは、「支那事変」が始まる前年の「西安事件」のことです。張作霖の子供の張学良が、蒋介石を監禁して「国・共合作」を強要したことを「新聞」で見て、昭和3年の「張作霖爆殺事件」の「親の仇」を討たれたと印象すると同時に、中学の「漢文」で「天網恢々、疎ニシテ洩ラサズ」という言葉を覚えた時も、その実例と考えたことをも思い出しながら、「支那事変」を計画した「高級幕僚」たちが、この「事件」を軽く見ていたことが、「事変」を泥沼化したのではと考えました。

更に、物干場から見える近所の「村祭り」の見物に出掛ける日に初めて、捕虜となった場合の「自決用」としての「手瑠弾」の配布を受ける1方で、1人になったら拉致されるから、3人1組で行動するように注意されたわけですが、2・3里の距離にある前線のトーチカ見学に出掛けた時は、計画的に「八路」側に脱走した兵隊たちが、毎日のようにトーチカの近くに出現して、日本の流行歌を掛けながら、「日本の兵隊さん、戦争は止めて国へ帰りましょう」と呼び掛けるとの話でした。なお、或る日の石太線の「列車警乗」から帰った隣の戦友の上等兵に、昨日の列車には共産党の「朱徳」が乗っていたらしいと聞くなどしたことから、日本軍が支配しているのは、華北鉄道沿いの「点と線」で、「面」は既に、「八路」が支配しているのではと印象したわけです。

それらのことを経験しながら「1期の検閲」を終えた6月に、南方の黄河の三門峡が近い「雲城」という古都の、「旅団司令部」の「衛兵隊」に転属したことも、滅多には無い体験のようです。その転属が無ければ、戦後に「農耕隊」の新設を建言するとか、「北支派遣軍」が、若い「日本兵」を「中国兵」とする募集を始めた際に、旅団の高級副官に面会して、「日本に帰るべき命である」と抗議することも無かったわけで、それが「機縁」で、「復員」に備えて兵隊を教育する「教育用冊子」を編集する「政治思想教育班」が新設されると、その「主任」を特命されて、「民主主義とは」と「共産主義とは」と「戦後の日本の政党」という冊子などを編集しました。

ところで、「話」を「終戦直前」に戻すと、「衛兵勤務」に上番していた日の夜、1人の上等兵が「無線班」で聞いて来た話として、広島に「新型爆弾」が落ちたらしいと言いますから、理科の友人から「日本」でも研究していると聞いた「原子爆弾」と推測して、「終戦」の「契機」になる筈だと推測しました。数日が経過しての上番の日に、「司令部」の衛門前を通る中国人が、乗り打ちを始めたのを見て、日本が「降伏」を申し出たとの情報が入っているなと見ました。そこで思い出したのは、機関銃中隊の班長の話を聞いて前日に城壁に登ったところ、1里ほど離れたところで、「八路」が塹壕を掘っているのを見たことで、日本軍が国府軍に城明け渡して撤退するのを待って、攻撃する準備をしていると合点しました。

なお、「玉音放送」を拝聴した翌16日の夜、緊急出動で城門の付近に出動することになり、「八路」の襲撃ではないと見たところ、「八路」の包囲網を突破した黄河流域の部隊の兵士が、辿り着くのを迎えるためと解りました。辿り着いた兵隊が、中国の農民に変装しているのを見て、中国人に感謝すべきであろうと苦笑しながら、それらの兵隊を迎え入れた17日の夕方に、国府軍に「城門」を引き渡して撤退を始めた時は、「八路」の攻撃が始まる筈であるとしての強行軍となりました。「後衛」を勤めた「衛兵隊」の中でも、僕が最後尾を勤めて「輜重」が放棄した牛を追いながら歩いていたら、途中で「情報」を入手していた無線班が、12時前には、「雲城」は「八路」に制圧されたと話すので、「国府軍」の無力よりも、「八路」の勢いを感じた翌朝、宿営した家の裏側に出たところ、壁に、日本人の「岡野進」が延安を出発して日本に帰国したとの「伝単」が張られていました。

旬日後に太源の近くの楡次まで撤退して、閻釈山の「傭兵」として駐留することになったと聞いたわけですが、日本軍の復員を「時間の問題」と見ている「八路」が、日本軍を襲撃することは無いだろうと推測しました。だが、戦闘にかり出されることを避けるため、「農耕隊」の新設を、鹿児島高農出身の「衛兵隊長」を通して建言したところ新設されて、衛兵隊長が「隊長」に転属されると同時に、「衛兵隊」から、「ポツダム兵長」の僕ら4人が、「内務班長」として転属することになりました。転属した日の夜に「古事記」を手にして「世界史の理論」の模索を発想したわけです。

3、「市井」に渡世する「庶民」として「世界史の理論」を模索する話

さて、先に述べたように、「農耕隊」に転属した日の夜に、文庫本の「古事記」を手にして、「敗戦」を機会に、「戦時中」の「国粋主義」の「国史観」は卒業して、「日本列島」の「人類史」を「日本史」とし、「地球規模」の「人類史」を「世界史」とする「全体と部分」の関係の「世界の理論」の模索することを発想したわけです。なお、21年の5月末日に復員し、「開拓塾」は無用と結論すると、疎かに過ぎた「学業」への思いに急かれる形で、「大学」へ復学しようとして気付いたのは、「世界史の理論」を模索すると思い定めていることからして、「大学」を選んだ1年前の僕とは違っていることでした。先にも述べたように、高校では「文科乙類」であった僕は、先生の「終戦工作」を「最後の昭和維新」として、「戦後」まで生き延びる予定が無いままに、「立身出世」とは「縁切り」していることを宣明する意味で、京大の「農業経済学科」に進学していました。

従って、「世界史の理論」の模索との関係を考えるために、取り敢えず「復学」して9月の第1時限の講義を聴講したところ、「林業概論」で、改めて「時間割表」で「講座」を見渡して、「農業経済」の専門職になる気が無い限り、「学部」を変わった方が良いと結論して、退学することにしました。「歴史」を専門の「研究者」として考察する関心ではないことから、「史学科」は、対象ではなく、「世界史の理論」を模索する「庶民」としての、「生活」の間

口を広げる必要がありそうでも、「営利」を考える「経済学部」は、好みでないことから、「法学部」しかないとして退学し、22年の3月に、「法学部」に再入学したわけです。

然し、「戦後」を如何に生きながら、「世界史の理論」の模索に関心するかを決めないと、「法学部」で何をどのように学ぶかも定まらないことから、改めて23年の3月までを、先生に勧められた「禅塾」などで思索することになりました。如何なる「制約」をも受けることなく、「世界史の理論」の模索する「生活の条件」を、「睡眠」が8時間・生活のための「仕事」が8時間・自由な「思索」が8時間として結論したのが、「市井」に渡世する「勤労者」の「庶民」という立場で、それに準ずるのが、「自由職」の「弁護士」であると結論して、4月から人並みに通学することにしたところ、1年上級の3回生になっていた高校の同級生たちが、高校の先輩の「学者」を訪問するように奨めます。

聞けば「刑法学」が専門の「先生」とのことですから、「法学」の「法」も知らずにお訪ねするのは、「非礼」であると考えたことと、「大疑の師」との出会いの経験から、出会うべき「先生」なら、「機縁」が熟するのを待てばよいと考えて、「刑法」の本を読むことにしました。御著書が見付からないことから、他の学者の本で「刑法」を学ぶことにして半年近くが経過し、行きつ戻りつする構成要件論について、何か型的思惟が成り立つのでは考え始めていた10月に、一人の友人が、先生の「刑法総論」を古本屋で見つけたと届けてくれました。

読み始めたところ、遥かに整然とした「型的思惟」だけでなく、「人間と社会」についての透徹した「理解」と、所謂「理路整然」を印象する「論理的構成」が展開されていることに驚いて、徹夜して読み上げると翌朝、「宙」を駆ける形で門を叩き、玄関に居座る形で入門を請うたわけで、先生が根負けされる形での入門となったわけです。先生が高校時代に「社会問題研究会」（社研）であったことは、僕の方は、先刻承知のことで、僕が、先生が4年修了で高校に入学された大正12年に発会した対極の、「日本主義」の「学内団体」であったことは、僕の申告で承知されたわけですが、先生の方でも問題では無かったわけです。

なお、僕の方では「マルクス主義」を研究された先生に学ぶということも、大きな期待であったわけです。というのは、「昭和維新」の関係者の殆どは、「反マルクス主義」として「昭和維新」に関心したというのが実情で、「昭和維新」に関心したところ、目にするのが「反共理論」であることから逆に、「マルクス主義」とは、こんな思想らしいと解ってきて、「資本主義」が、「マルクス主義」が批判するような「体制」ならば、僕も否定することには賛成するから、マルクス主義者と僕の違いは、「革命」と「維新」の違いになると考えていたので、先生の「学問」を学べることは、僕には2重・3重の意味があったわけです。

ところで、「入門の問答」が「数学」であったことを、先に述べましたが、その「数学」と「社研」に関係することで、晩年まで口にされていたことは、高校に入学して「社会問題研究会」に入会された頃、「全盛期」であった「福本イズム」が、「マルクス主義」の「フンクティオーン」（ｆｕｎｋｔｉｏｎ）を「機能」としていることが気になって、上級生に、数学の「関数では」と質問したところ、「福本イズム」で「機能」としているから、「機能」であると言われたことと、また京大に入っての「河上会」でも、１度だけ質問してみたところ、同じ答えが返ってきたことから、２度と口にすることを止めにしたが、河上さんが「共産党」に入党されたのが、その「機能」が原因であったことを考えると、発言を控えたことが生涯の悔みであると述懐されていました。

そのことは、さておいて、偶々２４年の４月から参加することになったのが、「滝川事件」の滝川教授の「刑法のゼミ」で、滝川教授が「先生」を「公職追放処分」にされた直後であったことから、付近の大学の滝川１門の助教授なども参加する「ゼミ」が、先生の「刑法学」の批判に終始することになりました。僕は、手頃な論争の「場」と印象したわけですが、問題は、僕が間違った論議をすると、「先生」の「学問」をも傷付けることになることで、そうなった場合の「御容赦」を陳情したところ、毎週水曜日の午後の「ゼミ」が終わった帰途にお宅に立ち寄って、「個人指導」を頂くことになりました。それが1年も続いたわけですから、終生の「生活の資」となった「法理」をも、習得したわけです。

4、「高校教師」から転職した61年に「世界史の理論」の模索に着手した話

先生の「刑法学」の学習も「緒」に就いたところで卒業することになったので、「学問」を続けられる「環境」を切望していたところ、先にも述べたように、友人たちの世話で、「旧制高校」の母校が所在した地方都市の名門高校の「一般社会」の教職を、50年代の10年も続けられるという「幸運」に恵まれて、「世界史の理論」の模索に必要な「学問的準備」も整えることになり、93年間の人生の中でも掛け替えのない10年となりました。その50年代は、「戦後の昭和」の「国内政治の季節」の「講和と独立」の10年に該当する期間で、先ず49年の10月1日に「人民中国」が成立すると、1月後の11月1日に、米国が「対日講和を検討中」と公表して、日本を中国向けの「前線基地」とする方針を露骨にします。東大の南原総長を先頭にした形での政治学者たちの「全面講和運動」が盛り上がって、吉田首相が南原総長を「曲学阿世」と非難しています。

なお、この時点で「片面講和反対」をいうのは、「ソ連」寄りと見られるても、仕方のない情況にあった筈で、マルクス主義者ではない政治学者たちの動きは、今でも理解し難いことはさておいて、51年9月8日の「講和会議」となり、「孤立無援」の形で渡米した吉田首相による「片面講和」が成立すると、「占領政策」を洗浄しての「独立国家」の「体制作り」が始まるわけです。「基本的」な「占領政策」は、「日本国憲法化」されているので、その「改正」ま

では届かないと見ていたことから、目に付いたのは「公職追放」の解除で鳩山一郎が復帰してくると、政治的野心家たちが、鳩山を担いで「民主党」を結成し、吉田の退陣で実現した鳩山首相が、吉田の「講和」に張り合うように、半身不随の身で「対ソ交渉」に乗り出すのを見て、「4島」の返還を「2島」に変換するのではと懸念したことは、今もって解消していません。

尤も、その「講和」後の50年代の動きとして、僕が、最も注目していたのは、「占領行政」の洗浄と「独立国家」の「体制作り」が、1段落すれば、「戦後」の「学制改革」についての「見直し」が、「独立国家体制作り」の仕上げとして行われる「運び」になるであろうということです。そう予想する理由は、50年に「高校教師」となった僕が、「新制高校」の存在に係る認識が「曖昧」であると印象していたことと、担当することになった「一般社会」という教科が1年の「必修」となっているのは、「民主主義」と「日本国憲法」に係る「国民教育」を重視するためと印象していたことです。僕の場合は、校長が、僕の母校の旧制高校を男子生徒に継承させたいと、正帽に「白線3条」を採用されて、そのような教育を、僕らに期待されていることから、旧制高校の「自由と自治」を教育することに熱中したわけで、天野貞祐氏の著書にも、日本には、「旧制高校」という素晴らしい学校があったが、極く一部の者だけが学んだので、その機会を国民に広く解放したものであると、書いてあると読みました。

然し、高校教師の殆どが、戦前の「中等教員」の免状の持ち主であるだけでなく、戦前の

「中等教員」の意識であったことから逆に、先生方にも迷いがあって、例えば「受験指導」に力を入れたいが、遠慮があると見受けました。既に上級学校の存在は明確になっていることから、「占領政策」の見直しが「学制改革」に及ぶ事態になれば、高校の「進路指導」は、「受験指導」と「就職指導」の2本立てとなって、1年生の「必修科目」の「一般社会」は、戦前の「公民科」と同じく、3年生の「選択科目」になると見ていたわけです。「高校教師」が志望であれば、「社会」を学校で学ぶのは最後となる「就職組」に、熱情をもって教えることになるが、「世界史の理論」を「庶民」として模索する予定の僕には、その「教科変更」が、「退職」の機会になると見ていました。「道徳教育」重視の動きが台頭した時には、「修身科」の復活なら、教師として反対しなければならないが、「公民科」への変更なら、転職を考えなければならないとして、59年から「司法試験」の準備をしているところに、60年の「安保騒動」となったわけです。

最近の「三井三池の争議」に、「警官隊」の1万人が出動して「鎮静化」するのを見て、明治時代なら、「自衛隊」が出動した事態だなと見ていたことからの連想で、岸首相が、「国会突入」を「自衛隊出動」の機会と見ているとしたら、「安保騒動」は、岸首相には届いていないことになります。岸首相の退陣は、「女子学生の死亡」が原因となることから、「安保騒動」を、「3派全学連」がどう「総括」して、「学生運動」が沈没するのか70年に向うのかを、東京で見てみたいと考えたのは、学生の「反米闘争」だけが、「独立の気概」を伝えていると見ていたからで、1部上場の「専門商社」からの「転職」の誘いがあったので、「会社勤め」に転職して上京する機会にしました。

勿論、「市井」に渡世する「勤労者」の「庶民」として、「世界史の理論」を模索する機会が訪れたわけですが、「世界史の理論」の模索については、「歴史」を、「主張」（イデオロギー）に引き寄せる「私的解釈」の「史観」ではなく、飽くまで「歴史」に即した「客観的」で「自然科学的」な「理論」でなければ信用できないと考えました。だから、「人類」が「ムレ」をなす「動物」の1類であることと、「文化的機能」の「大脳」を保有する唯一の「文化的動物」であることの、「自然の摂理」を前提に、「日本列島」の「人類史」の1万2千年を遡ることにして早々に、「縄文人」が、「集落」（ムラ）を造成し、「世界最古」の「土器」を「生活用具」として使用する「文化的生態」にあったのに対して、「旧石器時代」の遺跡を残している「人類」が、「自然的生態」にあったと推測して、「ムレからムラへ」の変容を認識したわけです。

なお61年は、高校の先輩の池田首相と佐藤首相による「高度成長」の「国内経済の季節」と鉢合わせすることになり、高校の「同窓関係」から、「視野」も「人脈」も一気に「日本大」に拡張する環境の中での模索となったことから、定年で「勤め」を終えた80年には、「世界史の理論」の「骨格」をなす「4つの段階」を認識していました。

二、本書の第2話以下の「本話」に係る「緒話」を追記することにした話

「市井」に渡世する「庶民」として「世界史の理論」を模索するということは、「歴史」を専門とする「研究者」と違って、「論文」を発表する必要が無く、「庶民」としての「日常生活」の中で不断に、「世界史の理論」を模索することの「問題意識」を自覚していることで、折々の思索を積み重ねることになります。さて、61年に「世界史の理論」の模索に着手した際、20世紀の「日本民族」を念頭に、「日本列島」の「人類史」の1万2千年を遡ることにしたのは、「日本民族」が、「原初」の「人類のムレ」に淵源することの「手掛かり」を得たいと考えたものです。そして早々に、「日本民族の祖先」である「縄文人」が、「集落」（ムラ）を造成して、「世界で最古」の「土器」を「生活用具」として使用する「文化的生態」にあるのに対して、「日本列島」に「旧石器時代」の遺跡を残している「人類」が、「日本猿」と同じ「ムレ」という「自然的生態」にあると推測したことから、「旧人のムラ」から「現人のムラ」への「文化」による変容を推論したわけです。

その際は、そこで止めて、「会社勤め」の「日常」に戻り、折々に、関連しての「ムレの摂理」の「共同体の道理」への変容などを推論し、「旧人」までの「人類史」の3・4百万年の「ムレの段階」から「現人」の「人類史」の「ムレの段階」への移行を推論すると同時に、そ

の「移行」の時期を「日本列島」が出現した1万2千年と推論できることから、「世界史」と「日本史」の「神妙な関係」を印象し「日本史」を「手引き」にすると、爾後の「段階」をも認識できるのではと考えました。

ところで、次の「段階」は、「ムラ」を統合した「段階」ですから、「農業」という「栽培経済」への「移行」を「契機」に、「ムラからクニへ」の変容で「弥生時代」の「氏族国家」から「江戸時代」に至る「日本史」に相当する「地域世界史の段階」と「明治維新」の変革で実現した「世界史の段階」を認識したわけです。

なお、「日本史」が、「世界史」の「地域世界史の段階」の「モデル的人類史」になっていること、維新政府が「戊辰戦争」の直前の「明治元年」（1868）の1月20日に行った「日本の開国」で、「世界史の段階」が成立していることとで、「2つの段階」の「日本史」と、「世界史」との「神妙な関係」をも認識し、定年で「勤め」を辞めた80年に、「4つの段階」を認識したことで「世界史の理論」の模索の「第1段階」を終えたと感じたわけです。

さて、「第2段階」の模索を急ぐ事情もないことから、70年代に行方不明になった印象の「学生運動」の方が気になって、「時代の変革」を「歴史のテーマ」と考えると、「維新」も「革命」も中途半端であるとして、「維新革命に関する序説」という「私家版」の1書を著作したところ、先生と先輩に「公刊」を奨められて、「公刊」の為の手直しをしていて、よんどころない「事情」から、或る私立大学の「事務局」に関与することになりました。

なお、「自動車通勤」に切り替えるまでの2年間を、片道2時間の電車通勤となったことから徒然に、「日本の近代」が該当する「世界史の段階」の「最初の時代」に係る「世界史の理論」を模索することにしたところ、「西欧の近代」の19世紀の「世界進出」を「契機」に成立した「段階」の「時代」であることを反映して、「西欧の近代」と重層して、「西欧の近代」が「世界」を「植民地支配」している「時代」であるのを見て、「世界史の近代」と認識しました。

そのこととの関連で、第2次大戦後に「植民地支配」を拒絶した「新興独立国」が輩出していることに気付いたので、「世界史」の「時代転換」の始まりを認識すべき「事態」とし、その「時代転換」で出現する「時代」を、「世界史の現代」とも観念したことから、「世界史の理論」の模索の「最終のテーマ」は、「現代化の考察」になると推論しました。同時に、「冷戦」を、「時代転換」の「本命視」する見方が、支配的で、「新興独立国」は、「後進国」として「第3極」に押し遣られるのを見て、「現代化」の考察は、「冷戦」が解消するまで、「先送り」できるとしたわけです。

私立大学の方は1989年の3月に、「事務局長」で定年退職することになったところ、1月に「昭和天皇」が崩御されて、「昭和」が終焉することになったので、取り敢えず「戦後の昭和」を整理することにして、「国内政治の季節」と「国内経済の季節」を設定したところで年末近くになり、「ソ連」が解体して、「冷戦」が解消する「運び」となりましたから、「世界史」の「時代転換」の再始動を推測し、05年に至る「国際政治の季節」を設定しました。だが、「冷戦の解消」を「近代の勝利」とする米国が、「1極支配」の「世界戦略」に乗り出すのは、必至と見て、「現代化の考察」の方は、その「世界戦略」が転換するまでは「先送り」できると切り替えました。

尤も、米国が、「1極支配」の「世界戦略」に乗り出して、日本が「片棒」を担ぐと見たことは、「現実」となりましたが、「湾岸戦争」に出動したのは、米軍主体の「多国籍軍」で、「冷戦」までの論理は、「冷戦後」には通用しないことに気付いたわけですが、米国が超大国であることには変わりがないことと、05年には、ブッシュ・ジュニアの子分となった小泉首相が、米国への「従属国化」に努めていたことから、2020年に至る続「国際政治の季節」を設定する1方で、11年に「本書」の著述に着手して、15年の前半には、第4話までを書き終えました。

と云う次第で、15年の8月から第5話の「現代化」の考察に着手したところ、「世界史の近代」の「現代化」は、「時代の転換」ではなく、「段階の移行」であることに気付いたことから、訂正が行き届かない場合を考えて、この「緒話」の「二」を追記することにした次第です。

1、第2話の〈「日本の近代史」の話〉に追記することにした話

「人」は誰もが、帰属する「共同体」の或る「時代」の或る「時勢」に生まれて、その「時勢」に次々と「時勢」が連なる形で推移する「時間」を生きる「人生」となっているようです。そのことについては、古今東西の「賢人」たちも、例外でない代わりに、「賢人」たちは、そのような「人生」の中で、「人間と社会」についての、「時・空」を越える「在り方」を「思索」しています。それでいて、「時代」の制約を残しているように印象することから、僕は、そのような「時・空」を越える「思索」には関心せず、「世界史の理論」を模索することにして、「日本の近代」の大正13年の1月の「時勢」に生まれたことの、「具体的存在」の「原点」に立ちながら、「日本人」であるという立場を越えた「人類」に係る「世界史の理論」を模索することにしたわけです。

なお、テレビ時代になって、テレビが、「近代文明」の立場から「未開」と言われる「生態」にある人々の生活を映し出すのを見て、此処に生まれていたら、この人と同じような生活に自足していたであろうと、推測するのを楽しみとしていましたが、或る時から、僕は「日本の近代」の大正13年に生まれたという「事実」以外には存在しなかった「生命」であると納得して、そのことを「具体的存在」の「原点」とした上で、その僕の存在に係る「世界史の理論」を模索することにしたわけです。

その僕が、帰属する「日本の近代」について、納得できない1点は、「侵略」の「野心」を秘めて「開国」を迫ってきた「西欧の近代」に当惑しながら、老中首座の阿部正弘と薩藩の島津斉彬のコンビの応対で、「侵略」を免れたという経験を忘れて、欧米人の感覚でアジアの隣国の朝鮮や満州を「侵略」したということです。「戦時中」に、米・英が相手の「大東亜戦争」が、「東南アジア」の覇権を野心する「侵略」なら、勝てない戦争であるとして、「昭和維新」に関心し、「明治維新」の志士に「生死」を学んだことから、山とある「明治維新」関係の本の1冊も、「真実」に達していないと印象して、2000年に「開明路線が主導した明治維新」という1冊を著述しました。

本話の第2話に書いたようなことで、僕が、最も注目するのは、1860年の「桜田門外の変」を「契機」に、薩藩の有馬新七らが、「倒幕」に舵を切った「新しい尊攘派」に脱皮し、「倒幕」を挙兵しようとして島津久光の上洛を策して「上意討ち」に合った「寺田屋騒動」と、連座して沖永良部島に流罪となった西郷が、大島への流罪の際と違って、厳しく己を律している姿です。何時もなら西郷の意見には従う筈の有馬らが、この度だけは聞く耳を持たずに「上意討ち」にされたことを、偲んでいる西郷を推測すると、「寺田屋」が、「倒幕」に舵を切った「新しい尊攘派」のアジトで、有馬が思い止まることのできない「時点」にまで立ち至っていたことに、思い至らない筈はないとの推測になります。

島津斉彬に薫陶されて、斉彬の「挙国体制」についての苦心を承知している西郷が、有馬らの姿勢を介して「時勢の傾き」を知ったと推測すると、2度の「流罪」を経験した「下級武士」の西郷が、斉彬が大名故に超えられなかった「倒幕」に舵を切って、「新しい開明派」に脱皮し、「天皇」を中心とする「中央集権」の「国民国家体制」の「青図面」を描いていたとの推測になります。「禁門の変」の直前に許されて薩摩藩の「軍賦役」として上洛した西郷が、その「青図面」を胸底深く蔵していたと理解すると、西郷が、その「青図面」に基づいて、「明治維新」の「実践運動の段階」を主導し、全くの停滞が無い所以が見えてきます。

尤も、「倒幕」の「戊辰戦争」を展望して、勤王諸藩の出動を予定していることを考えると、その「青図面」の存在が知られた瞬間に、「明治維新」は途絶する論理ですから、その「青図面」の一端を告げた場合と推測できるのは、「江戸攻め」から帰国する際に京都に立ち寄って、岩倉と大久保に、次の出番は「廃藩置県の時」と告げた時だけで、その「青図面」を胸底に蔵して、誰にも知られることが無かったのが西郷で、その「青図面」を推測できるのは、「岩倉訪欧団」の派遣と、留守中の西郷政府の明治5・6年の「施策」となります。

なお、「開明路線が主導した明治維新」を書いた2000年には、「明治維新」を主導した西郷の「開明路線」を、「西欧文明」を学習しての「日本的近代」を展望する「近代化路線」とし、「岩倉訪欧団」の副使を勤めた大久保が持ち帰った「脱亜入欧」の「開化路線」を、「西欧文化」を学習して「西欧的近代」を志向する「近代化路線」としました。「文明」は、伝播する「知識」や「技術」だから、学習すれば習得できるのに対して、「文化」は、「共同体」が伝承するもので伝播しないから、学習しても「猿真似」に終わるとして、「開化の克服」に関心したわけですが、その大久保は、「文化」も学習で習得できると考えていたのではと考えて、「一般論化」することにしました。「後進国」として「近代化」した場合には、「国家」が「近代化」を主導する意味での「国家主義」を採ることの「必然性」と、「文明」を学ぶか「文化」を学ぶかの「選択性」に遭遇すると整理したわけです。

ところで、第5話の「現代化」を考察することになって、「世界史の理論」における「世界史の近代」に係る「現代化」は、「時代の転換」ではなく、「合意」による「段階の移行」と考えて、21世紀を迎えた「人類」は、その「合意」の形成に直面することになったと考えて気付いたのは、「EU」と「国連」が、21世紀を迎えた現状で、「地球の温暖化」に取り組んでいることでした。

それは、「世界理論」を知らない動きですが、「世界史の理論」に合致する動きとなっていることが、「世界史の理論」の面白いところであることは、さておいて、その「段階の移行」に係る「合意」は、様々に異なる「国家」で構成する「国際社会」の「合意」で形成されることが、「世界史の理論」のようですから、日本は、21世紀を迎えた「開化の近代」として、参加すればよいとの論理となります。

2、第3話の〈「共同体」の話〉に追記することにした話

昭和20年の3月2日に「野戦補充員」として現役召集された僕は、4月10日には、中国共産党の「八路」を「当面の敵」とする中国・山西省の石太線の小駅前の「独立中隊」に配属され、1期の検閲を終わった6月に、黄河の三門峡が近い「雲城」という古都の、「旅団司令部」の「衛兵隊」に転属し、その営庭で、「終戦」の「玉音放送」を、「民族の首長」に回帰されての「御決断」と拝聴して、こういう形での「終戦」しか無かったと合点しながら、「日本民族」を「1億玉砕の淵」から救出された「御聖断」と感銘したわけです。

先生から「話」があって、「最後の昭和維新」と合点していた「終戦工作」は、このような「御決断」を願うことであったと納得したことが、「伏線」で、1月後の「農耕隊」で、戦後初めての「古事記」を手にした瞬間に、「敗戦」を機会に、「戦争」を支持して「1億玉砕論」にまで脱線した「独善的」な「国体論」の「国史観」を卒業して、新しい「日本史観」を探す必要があると発想したことから、そのことを発想することを予感して3月2日の入隊時には、「古事記」を携帯したようだと、今では確信しています。

なお、中学に入って「時間割表」を見ると、1年次の「日本史」も、初めて学ぶことになった「歴史の教科」で、それだけでも1段格上の「授業」を受けることになったと、満足したこ

とを覚えていますが、その「日本史」は、「建国神話」に始まる「国史」で、その「建国神話」は、「奈良時代」に勅命で編纂された「古事記」と「日本書紀」に記載されていると学んで、読んでみようとして、「日本書紀」には、中国の「史書」を意識したものを印象して、「古事記」の方が、表現からして倭文であると印象しました。

従って「古事記」を読むことにして、「天地の初発の時、高天原に成りませる神の名は」と云う、出だしの文章を目にした瞬間に、いわゆる「創世神話」でないと印象したことから、この「建国神話」は、「人間記」として自由に読まれてよいと考えました。

ところで、小学校の下級生時分に、「物知り」の上級生から、「人間」は、「猿」から分かれた動物で、「縞馬」と同じく「ムレを成す動物」であると教わって、何か重要な秘事を教わったように頭に入れて、その「人類のムレ」が20世紀の「日本」になっている「人類史」を、何時か考えてみたいと考えていました。だから、それに似たようなことが書いてありそうだと予感しながら、素直に「水稲耕作」を伝来した「渡来民」の「渡来記」を読むと同時に、「神武東征」を、日向の若者たちが新天地を求めて移住した物語と読んで、最終的には「天孫族」を自称した「渡来民」と先住の「縄文人」が融合して、「日本民族」の祖先になった物語と読まないと、20世紀まで繋がらないと考えました。

なお僕が入学した中学は、「邇邇芸命」の「可愛山陵」の下にあって、鉄柵だけの「山稜」

を、日本人の先祖とされている「伝説の人」の墓所だと考えながら、河口の「唐浜」にでも上陸した「渡来民」ではなどと想像していたので、始めから「人間記」であったわけです。

そのことは、さておいて、昭和5年に小学校に入学してからは、「明治憲法体制」の「国家主義」の「学校教育」を受けて、「学校行事」の度に、「御真影」に拝礼して「教育勅語」を拝聴したわけですから、「国家」とか「国民」とか「臣民」とかの言葉を覚える機会は、幾らでもあったわけですが、「日本民族」とか「民族共同体」という言葉を、何時頃、何処で覚えたかの記憶はありません。だが、1度覚えてからは、1番身近な「共同体」が「家族」であることから、1番大きな「日本民族」も、「日本国」よりも身近く感じられる存在となりました。なお、「日本」という「民族国家」については、「縄文時代」には、「ムレ」から変容した「ムラ」という「共同体」は成立しているが、「権力統治」の「政治組織体」の「国家」は、成立していないことから、「日本列島」の「人類史」の「日本史」でも、「地球規模」の「人類史」の「世界史」でも、「国家」の成立は、「ムラ」を統合した「氏族共同体」が成立した時であると観念しています。

「自然物採集」の「自然経済」から、「第1次」の「産業革命」の「農業」という「栽培経済」に移行する際に、「農地」と「水利」の開発の必要から「ムラ」を統合した「氏族共同体」に変容しているわけですが、何千年も「ムラの段階」にあって、「ムラ」毎に異なる「文化」をも実現しているわけですから、その「統合」を維持するためには、「権力統治」の「政治的組織」が必要となっていることから、「氏族共同体国家」の成立という、「ムラからクニへ」の変容が行われていると、理解しているわけです。

その「氏族共同体国家」の成立から、「西欧の近代」の19世紀の「世界進出」と遭遇するまでが、「世界史の理論」で認識している「地域世界史の段階」となりますが、「日本列島」の「人類史」では、「弥生時代」の「氏族」—「古墳時代」の「部族」—「奈良時代」の「民族」という「系譜的拡大」を実現した後、19世紀の「江戸時代」までに、「小から大へ」と「簡明から複雑へ」のモデル的な「地域世界史」を綴っているのに対して、他では、「地域」毎に様々に異なる「地域世界史」が進行しているので、「地域世界史の段階」と認識しています。

ところで、「世界史の理論」を模索する中で、最初の「ムレの段階」の「人類史」を、「ムレ」に係る「態様の摂理」による「自然的生態」にあったとし、「文化」によって変容した「ムラの態様」を「文化的生態」にあると認識したことから、「自然的生態」の「ムレ」と区別するために観念したのが、「ムレの摂理」に対する「共同体の道理」です。

従って「現人」の「人類史」の「世界史」は、「共同体の歴史」で、様々に異なる「共同体国家」が、「世界史の理論」を知らないままに、「地球」の「環境問題」という意識で、「世界史の理論」の「現代化」に係る「合意化」に努めていると云う趣です。

3、第4話の〈「世界史」の話〉に追記することにした話

さて、「戦時中」に、「戦争」を支持する「ナショナリズム」が喧伝されるのは、万国に「共通」する現象で、その際に、「神国論」が伝承している「国情」から、日本は、「独善的」な「国体論」の「国史観」が喧伝されることになるのを、避けられず、「1億玉砕論」まで飛び出したことを考えると、「敗戦」についても、様々な考え方もあることは、さておいて、「敗戦」によって、「独善的」な「国体論」の空しさを感じた人も、少なくは無い筈であると考えて、遠慮なく申し述べることにすると、少なくとも第2次大戦における「敗戦」は、「負けるべくして負けた」というか、「勝つべくもない戦争をして、負けた」ということになるようです。

ところで、その「戦時中」に、僕は、「敗戦国」の命運を考えて、「戦争」を始めたからには、「負けない方が良い」と考えると、「東南アジア」の「植民地支配」されている人々を解放する「聖戦」なら、それらの人々と一緒に戦うことになって、負けることは無いだろうと考える反面で、欧米諸国を追い出しての「覇権」を野心する「侵略」なら、「東南アジア」の人々とも戦う「戦争」となって、「勝てない戦争」であると考えているところで、「侵略では」との疑いを抱くことになる出来事に出会い、「聖戦」とする「変革」を期待して「昭和維新」に関心することになったわけです。

従って、「戦争支持論」には、疑念を覚えていたことから、「昭和維新」を口にしながら「戦争」を支持している立場には、疑問を抱いていましたが、「古事記」の「建国神話」を信じている国学派や浪漫派には、「侵略」には反対の認識があるように印象すると同時に、「維新者の信条」を説く主張には同感できるものもあることから、「古事記」に係る「持論」は「封印」して、その「建国神話論」を信奉することにしたわけです。

然し、10月が「学徒出陣」となった18年の12月に上京して「戦争協力」が優先しているのを見た時は、「愛国者」なら当然でも「維新者」では無いと見て離京したことと、19年の5月に出会った先生から10月に、「終戦工作に入る」旨の話があって、「最後の昭和維新」と合点していたことから、「終戦」の「玉音放送」を拝聴した時に、僕の「昭和維新」への関心は、消滅したわけです。

なお、「昭和維新」への関心は、消滅したわけですが、「敗戦国民」として「戦後」を生きることになったわけですから、取り敢えず「敗者」としての「命運」を考えて、「俎板の鯉」を覚悟したわけです。だが、「日本民族」を滅亡させるような「占領政策」には、徹底的に戦うしかないと考えながら、「日本民族」は、「滅亡」すべき「民族」ではないと、思い込むのも悪足掻きで、となれば、「滅亡すべき民族」であるかどうかを、「歴史」に学ぶしかないと考える1方で、「国家の興亡」と「民族の興亡」とは別で、「日本民族」の興亡は、「日本列島」の「人類史」の「テーマ」であると考えました。

ところで、これまで述べてきたような「経緯」で、昭和20年の3月2日に現役招集され、中国・山西省の雲城の「旅団司令部」の営庭で、「終戦」の「玉音放送」を拝聴しながら、「内閣の輔弼」による「裁定」ではなく、「民族の首長」に回帰されての「御決断」で、「日本民族」を「1億玉砕の淵」から救出された「御聖断」と感銘し、「御聖断」に応えるには、「戦争」を支持して「1億玉砕論」にまで脱線した「国史観」は卒業し、日本の「民族史」に即した新しい「日本史観」を探す必要があると考えていました。

従って1月後の「農耕隊」の1室で携行していた文庫本の「古事記」を手にした瞬間に、「日本列島」の「人類史」を、「日本史」とする持論を思い出したことから、「地球規模」の「人類史」を「世界史」とし、その「世界史」と「日本史」に係る「世界史の理論」を模索すれば、「客観的」で最も信頼できる「日本史」を発見できると、発想したわけです。

なお、21年の5月に復員し、「大学」へ復学するに先立って、「戦後」を如何に生きるかを思案する中で、「市井」に渡世する「庶民」として模索すると思い定めて、通学を始めた23年の10月に「学問の師」に出会い、「高校の教師」を勤めた50年代に、「マルクス主義」や「今西学」をも勝手読みして準備していたことから、「会社勤め」に転職して上京した61年に、「世界史の理論」の模索にも着手することにして、「日本列島」の「人類史」の1

万2千年を遡って早々に、「ムレからムラへ」の「文化」による変容を認識しました。

尤も、「日本列島」に「旧石器」の遺跡を残している「旧人」たちが、「自然的生態」の「ムレ」をなしているのに対して、「現人」の「縄文人」たちが「文化的生態」の「集落」（ムラ）をなしていることは、先刻承知していたことで、「ムレからムラへ」の「文化」による「歴史的変容」を認識することで、20世紀の「日本人」が、「原始」の「人類のムレ」に淵源することだけでも認識しておきたいという程度の発想でしたが、関連しての推論を重ねて、「ムレの摂理」の「文化」による「共同体の道理」への変容などを推論する中で、「旧人」までの「人類史」の3・4百万年の「ムレの段階」から、「現人」の「人類史」の「縄文時代」の「ムラの段階」への移行を結論して、「世界史の理論」規模の認識となったわけです。

その「移行の時期」を、「日本列島」が出現した1万2千年前と推論できることから、「世界史」と「日本史」との「神妙な関係」を印象し、爾後の「段階」の認識にも、「日本史」を「手引き」にして、現に「地域世界史の段階」と「世界史の段階」を認識したわけですが、その、「江戸時代」までの「地域世界史の段階」と「世界史の段階」を区分したのは、「明治維新」で、「明治維新」を触発したのは、「西欧の近代」の19世紀の「アジア進出」ですから、「世界史の近代」は、「西欧世界史」の18世紀に成立した「西欧の近代」と重層する「時代」となって、「西欧」の「近代史観」が支配的する「過度期的存在」となっていることから、「世界史の近代」の「現代化」は、「段階の移行」である論理となる筈です。

4、第5話の〈「現代化」の話〉に、追記することにした話

さて、「戦前」の中学に入って「時間割表」を見たところ、「歴史の教科」は、「日本史」（国史）と「東洋史」と「西洋史」に分かれていて、「地・歴」と併称される「地理の教科」は、「日本地理」と「世界地理」になっていますから、「歴史の教科」に「世界史」が無いことについては、「地理的世界」は、「地理上の発見」によって、既に「地球規模」であるが、「歴史的世界」は、未だ「地球規模」ではないとの認識であろうと理解しました。

従って、ウエルズの「世界史概観」などは、「地球規模」の「人類物語」と読んでいたわけですが、上級に進んで「東洋史」を学ぶと、日本から見ると「東洋」は1つの「歴史的世界」ではなく、「地理的世界」で、「歴史的世界」としては更に、東・西・南・北の4地域ぐらいには別れるのではという印象で、「西洋史」についても、同じような印象でしたから、「地域世界史の段階」については、アフリカと南アメリカと日本を加えて、11余りの「地域世界」が成立していたと認識したわけです。

尤も、昭和18年に、京都学派の「世界史の哲学」という本が出た時は、僕は「大東亜戦争」の「聖戦論」に疑念を覚えて、「昭和維新」に関心していたわけですが、僕の見方の誤りを指摘してあることを期待して購入したところ、「大東亜戦争」の「聖戦論」を出ていないので、読むのを止めました。

従って、「農耕隊」で「地球規模」の「人類史」を「世界史」と観念した時は、「世界史」の成立を認識したということではなく、「日本列島」の「人類史」から連想した「地球規模」の「人類史」を、「世界史」として模索することにしたというだけのことで、その「世界史の理論」を模索して「4つの段階」と「世界史の近代」を認識し、「世界史の現代」を措定しての「世界史の理論」を披露しているわけですから、そういう見方の「世界史の理論」が成立することを、本書が証明することになっているだけでなく、「世界史」についての見方を提起することになって、僕自身が驚いているところです。

ところで、61年から「世界史の理論」を僕の流儀で模索してきて、定年で「勤め」を辞めた80年には、「世界史」の「人類史」の「4つの段階」を認識していたので、80年代に、「世界史の近代」と「世界史の現代」を認識して、「世界の理論」の模索の「最終」は、その「現代化」の考察になると推論すると同時に、その「現代化」は、「世界史の近代」の「弁証法的変容」になるとして、「冷戦中」は、「冷戦後」まで「先送り」できるとし、「冷戦後」は、米国の「世界戦略」が転換するまでは「先送り」できると考えたわけです

尤も、「冷戦後」には、「冷戦」までの「近代の論理」が通用しないことに気付いたわけですが、米国が超大国であるという事実には、変わりは無いとしてきたわけですが、本書の第5話の「現代化」の考察を始めたところで早々に、「西欧の近代」が「地域世界史の段階」の時

代であることに気付いて、「現代化」は、「段階の移行」であることを発見したわけです。

なお、「冷戦後」に「西欧」の「近代の論理」が通用しなくなっていることについても、「世界史の近代」が、「世界史の段階」の「世界史的意義」に従って変容していると推論するに至ったことは、さておいて、「世界史の理論」の模索は、「地球規模」の「人類史」を、「世界史」と観念して、その「世界史」に係る「人類史」について模索するものですが、その模索に着手した際に、「日本列島」の「人類史」の1万2千年を遡ることにしたのは、模索する僕が、帰属する「日本」という「民族国家」が、原初の「人類のムレ」に淵源する「糸口」を見付けることで、20世紀を生きている「地球上」の「人類」が、総てそうであることを確認しようとしたものです。

地球上の今日を生きている「生命」の長さは、同じであると考えることが出来るのが、「人類史」であると見るわけですが、「世界史」と「日本史」の「神妙な関係」に気付いて、「日本史」を手掛かりにしたら簡単に「4つの段階」と認識できたのは、僕が偶々「日本人」であったことの結果と考えています。

更に、僕は、「近代の日本人」として、「西欧の近代」の19世紀の「アジア進出」を代表する形で日本を訪れたのが、1853年の「黒船の来航」で、そのことが契機で、「明治維新」となり、「日本の近代」を実現して「開国」し、「地球規模」の「国際社会」の「仲間入り」したと承知して、日本人は、「世界史の段階」の成立を認識できるだけでなく、「維新政府」が1868年（明1）の1月に「日本の開国」を諸外国に通告した時を、「世界史の段階」が成立した時と看做すことも出来る立場であると認識しています。

同時に、「西欧の近代」の立場に立つと、「世界史の段階」も「世界史の近代」も認識できない事情にあると、理解できるのは、「西欧の近代」を、「地域世界史の段階」の「西欧世界史」の18世紀の「後半」に成立した「時代」と、見るからに他なりません。

ところで、「世界史の段階」の「最初の時代」が「西欧の近代」と重層して、「西欧の近代」が「世界」の「植民地支配」を行った「時代」となっていたことから、「世界史の近代」と認識したわけですが、「西欧の近代」と重層しているということは、「地域世界史の段階」を引きずっている「過度期的存在」となることから、「現代化」は、「世界史の理論」としては、「段階の移行」であることに気付いたわけです。

なお、「段階の移行」は、「移行の合意」の成立による「平和的移行」であることを発見したことから、その「合意」を形成するのが、「地域世界史の段階」を経由しての所産の、様々に異なる「文化格差」の「国家」で構成する「国際社会」の「合意」であるというのが、「世界史の理論」の「現象化」であることも、発見したわけです。

第2話　「日本の近代史」の話

「日本の近代」というのは、「明治維新」の変革によって実現され、明治・大正・昭和を経て平成の今日に至っている「現在の時代」で、「明治維新」は、１８５３年の「黒船の来航」が象徴する形の「西欧の近代」の１９世紀の、「アジア侵略」に触発された変革でした。その「明治維新」の「実践運動の段階」を主導したのは、薩摩藩主の島津斉彬が薫陶した遺臣の「開明路線」の西郷でした。西郷が主導したのは、「天皇制」の「中央集権」の「国民国家」という「国家体制」の「骨格作り」までで、その「肉付け」としての「現実の近代化」を主導したのは、大久保が選択して、「征韓論」の長州の伊藤と山県が継承した「脱亜入欧」の「開化路線」で、「朝鮮」から「満州」への「侵略」を「富国強兵の捷径」としてきました。

従って、「西欧の近代」である欧米諸国の「アジア」への「侵略経路」を、「東南アジア」から「中国」を経由して日本に至った「南海ルート」の「表街道路線」とすると、「明治の日本」の「朝鮮」から「満州」への「侵略路線」は、「裏街道路線」です。欧米諸国と衝突することはなく、日本が「日清戦争」に勝利するのを見た英国は、「帝政ロシア」の「南下策」への防壁を期待して「日英同盟」を持ち掛けているように、又、「脱亜入欧」の日本の台頭は、「義和団事変」でも証明されたように、「アジア」における「番犬的存在」として歓迎されたことから、「日露戦争」にも勝利した「開化の日本」は、「明治」の末年までには懸案の「条約改正」をも実現して、大正3年に勃発した第1次大戦にも、英国の要請で参戦しています。

問題は、その「参戦」が、欧米諸国が支配する「表舞台」への登場になることで、とすれば、欧米諸国の「表街道路線」への配慮が必要となります。その辺のことに係る外交感覚を欠いて、国益に役立ったことが無いのが、日本の外務省の特徴で、「対華21ヵ条要求」と「シベリア出兵」での「沿海州」への居座りとで、米国の警戒を招いたことから、僕が生まれた大正13年の「第1次大戦」の「戦後情勢」に、日本への牽制が目的の「ワシントン会義」が加わっています。「開化」の「国家主義」の「体制派」には、1つの「転換期」と受け止める余裕は無く、「時勢」を「国家主義体制」の「危機的状況」と受けとめています。

と云う次第で、「大正デモクラシー」の雰囲気の中で誕生した「憲政党内閣」の退陣を策略して、昭和2年の「山県直系」の田中義一首相を実現し、「満州侵攻策」を期待したことから、「昭和の15年戦争」となり、昭和20年8月15日の「敗戦」を招いて、「開化」の「国家主義」の「明治憲法体制」は、解体される「運び」となります。

従って、「日本の近代史」は、幕末の「開明」の「幕政改革」を「前史」とする「明治維新史」と、「開化」の「国家主義」の「明治憲法体制」の「戦前史」と、「開化」の「民主主義」の「日本国憲法体制」の「戦後史」との、3つの区分ができる「歴史」となっています。

一、「明治維新史」の話

近頃は、月に1度は立ち寄ることにしている古本屋が2軒ほどあります。近くの私鉄の駅近くの商店街の新本屋の2店に立ち寄ることが無いのは、本も出会いであると考えるようになって久しく、そういう本との出会いが少ない本屋であることから、自然に足が遠のくことになりました。反面、古本屋の方には、新本も2ヶ月後れぐらいで現れて、月に2冊くらいの出会いがあることに気を良くしているのが、実情ですから、偉そうなことは言えないわけですが、新本屋を訪ねなくなったことの1つの理由は、「明治維新」についての本で見るべき本は、もう現れないだろうと諦めてしまったことです。

「明治維新」は、現在の「日本の近代」を拓いた変革であるだけでなく、数世代前の親たちが活躍した出来事ですから、登場する人や物も身近に感ずる存在であるだけでなく、実際にいろいろと面白い出来事でもあると同時に、「犠牲」と「混乱」が少ないことでは、他には例の無い大変革で、「日本の歴史」が集約された「変革」です。読書好きの日本人が興味を抱くのは、当然で、「明治維新」に係る本も、文字通りに「山」とあるわけですが、僕が接した限りでは、「明治維新」の「真実」を射たものは1冊もなく、西郷を「不平武士の棟梁」に仕立てて「賊将」として葬った「開化路線」への迎合が、「真実」を覆い隠している印象です。

と云うと、「西郷崇拝者」の言と聞かれそうですが、僕は、中世史の研究者ならご存知の「入来院」の「郷社」の「神主」の家系に生まれて、藤原純友の末裔であることを愉快としている薩摩人で、「島津侍」ではありませんから、その点では、島津斉彬も西郷隆盛も、客観的に評価できる立場で、「幕末」の日本の「危機的状況」に生まれた「格別な存在」の「英傑」と考えています。同時に、「日本人」の「庶民」の立場で「客観的」な「世界史の理論」を模索する者としても、「日本史」における「段階の転換」を主導した「達人」と見る１方で、生きている人間の評価は、様々だなと印象しています。さて、「後世の評価を待つ」という言葉があるが、「後世」の研究者が２０世紀の「文献」を探して、このような実情の「文献」しか見当たらないというのは、気の毒だなと考えて、２０００年に、「開明路線が主導した明治維新」という1書を著作して、島津斉彬と西郷隆盛の「事績」を書いたことがあります。

「明治維新」の「実践運動の階梯」を主導した西郷が、「寺田屋事件」に連座して流刑となった沖永良部島で、「寺田屋事件」で「上意討ち」にあった有馬新七らを偲ぶ中で、彼自身が「倒幕」に舵を切った「新しい開明派」に脱皮したと推測すれば、「天皇中心」の「中央集権」の「国民国家体制」の「青図面」を引いていた筈であると書いたわけです。

然し、察知されれば、その瞬間に、「明治維新」は頓挫した筈であると考えると、その「青図面」を胸底深く蔵して、誰にも察知されなかったのが西郷であると云うことになります。

1、「明治維新史」の「前史」に係る話

「西欧の近代」の19世紀の「アジア進出」は、「資本主義」の「植民地市場」の獲得を目的としたものですから、16世紀の「交易」のための「アジア進出」とは違って、「鎖国」が「祖法」であるという言い分は、通用せず、「武力」の違いから、「攘夷戦争」は出来ない実情にあって迎えたのが、53年の「黒船の来航」でした。

その「アジア進出」を先鞭したのは、イギリスとオランダですから、37年の「モリソン号事件」に係る38年以降、信頼できる「オランダ情報」が寄せられることになったことと、的確に対応できる阿部正弘と島津斉彬という最高のコンビを得たことが、「幕末の日本」の幸運となっているわけです。46年に琉球の「開国」が問題となった際は、阿部が薩摩藩の世子身分の斉彬を交渉役に特命して予行していますから、余裕を持って「黒船」にも応対しています。

「黒船の来航」と「和親条約」

「黒船の来航」については、52年の「オランダ情報」で承知していますから、阿部と斉彬の間では、53年には「国書」を受理するだけで、54年に「和親条約」を締結する手順までをも打ち合わせ済みで、斉彬は「黒船の来航」に先立って、定例の「参勤交代」で下国すると、「工場建設」などを指導して「篤姫」を養女とし、西郷を供に加えて、54年の「和親条約」が締結された3日後に、悠々と江戸に帰っています。

見落とせないのは、「和親条約」を締結するに先立つ53年に、56年に将軍・家定の「御台所」として入輿する「篤姫」を養女にしていることで、「将軍の継嗣」を一橋慶喜とするための「将軍継嗣問題」への布石としての「大奥対策」です。

「条約改正」と「将軍継嗣問題」

「和親条約」を締結すれば、次は「通商条約」となるわけで、「通商条約」となれば、この時点で「不平等条約」となることを避けられず、「不平等条約」となっても「一戦」を交えることが出来ないからの「和親条約」です。「不平等条約」に対する「尊王攘夷論」への対策は、「勅許」を得ることで対応するとして、「問題」は、「不平等条約」となった「通商条約」の「条約改正」で、その「条約改正」を実現するためには、「臥薪嘗胆」の「挙国体制」を覚悟しなければならない。そのためには、賢明な「将軍」が先頭に立つ必要があるとして構想されてのが、一橋慶喜の「将軍継嗣問題」の本質です。

将軍家定が病弱であることは、周知のことで、候補者となっているのは、「賢明」と評判の17歳の一橋慶喜と子供の紀州の慶福の2人だけで、通常の時期なら「子供の将軍」でも、問題は無いわけです。だが、「臥薪嘗胆」の「挙国体制」の先頭に立つ「将軍」となると、答えは慶喜と決まっているようなものですが、問題は、慶喜の父の斉昭が、大奥の女性に嫌われていることから、大奥対策としての「御台所問題」が重要となったわけです。

なお、「天樟院」となる「篤姫」の婚儀の準備を担当したのが、西郷の最初の仕事ですから、その際、「篤姫」の婚儀が「継嗣問題」への布石で、「条約改正」のための「挙国体制」の工夫であることを、斉彬に教わった筈です。

「通商条約」と「勅許問題」　その婚儀が56年に行われたことは、さておいて、「和親条約」で定められて米国の総領事が赴任する時期が近付いたことから、その56年の10月に、「通商条約」に係る「外交掛」の老中として外国通の堀田正睦を起用すると、阿部は、その堀田が25歳で老中になった際に交替した先輩老中であったことから、首座を堀田に譲って、「蛮書掛」に退いていています。「尊攘派対策」としての「通商条約」への「勅許」の必要を説いたのも、阿部であったと推測できます。その際の朝廷工作では、堀田を助けられるとの自信もあって、「継嗣問題」から「挙国体制作り」に専念する意図であったと推測したいところですが、57年に「発病」して、58年の6月には「病死」していることから、体調不良であったことからの交替という可能性もあります。

何れにしても、「勅許」問題で堀田を助けられないことが、阿部の心残りであったろうとの推測になることは、さておいて、「ハリス」と「通商条約案」を合意した堀田が、「勅許」を得られなかっただけでなく、ハリスとの60日の猶予期限を遥かに超過しているところで、「不裁可」となるわけです。井伊直弼が大老となって「調印」を独断するのは、外交上止むを得ないことで、井伊が調印したことで、「明治維新史」が進行する間、欧米諸国が「局外中立」する状況が生まれています。

「桜田門外の変」と「前史」の終幕

親藩の諸侯が「不時途城」して、井伊を「問責」するわけですが、「問責」の内容を見ると、「勅許」を得ないで「調印」したことの「問責」ではなく、「調印」したことの「責任」を、徳川宗家が負うことになることへの将軍家一族の苦情ですから、井伊も、将軍家の「一族問題」として対応し、病床の家定の「意向」として「慶福」を「将軍継嗣」にすると同時に、「不時登城」についての処分を行うわけです。斉昭父子を処分されて後ろ楯を失った水戸藩の尊攘派が、「藩内」で孤立化する傾向に陥ったことから工作したのが、「密勅問題」で、「密勅」が、「密勅」になっていないお粗末さですから、井伊の「安政の大獄」という「反動政治」を招きます。

「密勅問題」も「桜田門外の変」も、水戸の「尊攘派」の私憤で「桜田門外の変」で、水戸の「尊攘派」は、「明治維新史」の表舞台から退場する運びとなっています。だが、「明治維新史」の「前史」を終わって、「本史」に移行する進行となるのは、狼狽した「幕府」が、「公武合体」に方針を変更してナリフリ構わずに、皇妹・和宮の「御降嫁」を請願し、「10年以内の攘夷の実行」という条件を約束したことと、「桜田門外の変」に唯一人の例外として参加していた薩藩士の有村の縁で、「寺田屋騒動」で「上意討ち」にあった有馬新七らが、「倒幕」に舵を切った「新しい尊攘派」に脱皮したことです。

2、「明治維新史」の「思想運動の段階」に係る話

1860年3月3日の「桜田門外の変」は、水戸の尊攘派浪士の私憤に発した事件で終わった筈ですが、狼狽した幕府が過剰に反応して、皇妹和宮の「御降嫁」を請願して「10年以内の攘夷の実行」を約束したことから、本来的に「倒幕」の志向を秘めた京都系の「尊王論者」が「倒幕」に舵を切った「新しい尊攘派」に脱皮する「機会」と「倒幕」の名目を「幕府」が用意した形になっています。「尊王攘夷の思想運動」は「日本の近代化」を実現する「明治維新」という見方に立つと、「明治維新の思想」としても「明治維新の運動」としても、評価できない実情にありますが、「倒幕」の気運を醸成したことと、「戊辰戦争」の際の「尊王倒幕」・「王政復古」という「統一スローガン」が成立することに果たした役割を評価して、「実践運動の段階」に先行する「思想運動の段階」と位置付けることにしたわけです。

「尊王攘夷」の「思想運動の段階」　「時勢」を現出したのは、62年4月の薩摩の島津久光の上洛を演出し、有馬らが久光の「上意討ち」にあった「寺田屋事件」の「新しい尊攘派」で、「寺田屋」が、「新しい尊攘派」のアジトであったことは、連座した顔振れを見ても明らかです。問題は、「明治維新」が、「尊王攘夷の運動」によって実現された変革でも、単なる「王政復古」として実現される変革でも無く、「日本の近代」を実現する変革であったということ

ですから、その「新しい尊攘派」の存在と運動を、「明治維新史」に位置付けることは、論理的には、困難な事情にあります。

然し、「倒幕」に向かって大きく「時勢」を傾けたことと、いろいろな思想的立場を「尊王倒幕」・「王政復古」という「統一スローガン」で纏めたことは、「事実」ですから、通常の「時代の変革」に倣って、「思想運動の段階」と位置付けることにしたわけです。

「思想運動の段階」の推移 62年2月の和宮の婚儀が終わるのを待ちかねたように、4月に薩摩藩の島津久光が兵1千を率いて上洛しているのは、前年の12月に平野國臣が、久光に「出番ですよ」と上洛を説得しているように、有馬らの「新しい尊攘派」が「倒幕の挙兵」を計画したものです。そこまでは聞いていなかったことに激怒した久光は、有馬らを「上意討ち」にした「寺田屋事件」の後の5月に、勅使大原重徳を護衛して江戸に下り、一橋慶喜の将軍後見職と松平慶永（春嶽）の政事総裁職を実現し、帰洛の途次の「生麦事件」では、供先を乱した外人を討つなどして、8月に意気揚々と京都に帰ります。

然し、留守中の7月に、久坂玄瑞の働きで藩論を「尊王攘夷」に統一した長州藩の世子が、上洛して「宮門の警衛」を拝命して、長州の人気が上がっている1方で、「寺田屋事件」で薩摩の人気が落ちていますから、久光は数日を滞在しただけで帰国しますが、武市半平太の画策で11月には、土佐藩主が上洛し、勅使三条実美を護衛して江戸に入り、幕府に「攘夷の実行」と「将軍の上洛」を催促しています。

久坂も武市も「寺田屋」の有馬らと同心で、薩摩の「挙兵」に呼応することを策したもので、長州では、久坂の話を信用できない執政の周布政之助が、馬関沖を通過する薩摩勢を見て、「藩論」を「尊王攘夷」に統一したとされています。62年11月の勅使三条実美の勧告で、63年の3月4日に、和宮の降嫁の御礼に将軍・家茂が230年振りに上洛し、「政務委任」の勅命を受けて「賀茂社」への「攘夷祈願」に随行したことから、「政局の舞台」が京都に移転する「成り行き」となり、4月20日には、幕府が「5月10日」を「攘夷期限」とすることを上奏し、「攘夷実行」の「準備」のためと称して、将軍が江戸に帰っています。

何れにしても、幕府が「攘夷期限」を上奏したことは、確かな事実ですから、5月10日には長州藩が、馬関を通行中のアメリカの「商船」を砲撃しますが、6月1日のアメリカの軍艦と5日のフランスの軍艦の反撃には太刀打ちできず、5日には砲台なども、上陸した兵士に破棄されています。だが、そのことは秘匿されて8月13日には、「攘夷親征」のための「大和行幸」の勅語が下りて、先発隊としての「天誅組」が進発しています。「攘夷親征」は口実で、「倒幕の挙兵」であると考えないと合点しかねる事態です。

となると、孝明天皇は、「公武合体」ですから、「8・18の政変」となって、「大和行幸」が中止となるのは当然で、会津と薩摩の藩兵が動いて、宮門警備の長州兵を排除し、尊攘派の公卿と長州勢が京都から追放されることになります。「長州勢」にとっては、心外な「成り行き」ですから、最後は６４年７月１９日の「禁門の変」となり、「長州勢」の壊滅で、「尊王攘夷」の「思想運動の段階」は終幕することになります。

「寺田屋事件」と西郷　６２年の「寺田屋事件」では、島津久光に上洛を説いた平野が、久光を待って馬関にいる西郷に、有馬らの計画を話して京都への急行を促していますから、西郷をも巻き込む予定であったと推測できます。西郷が急行したのは、久光の器量を説いて計画を思い止まらせるためで、何時もなら西郷には従う有馬が、頑なに説得を拒否して「上意討ち」に遭うと同時に、西郷も讒言で、沖永良部島に流罪となります。

「変革」に関心する者が「獄舎生活」で脱皮するのは通常のことです。大島時代と違って狭い獄舎で厳しく己を律している姿に、「上意討ち」に斃れた有馬らを偲んでいる姿を見ると、「寺田屋」に集まっていたのが、「倒幕」に舵を切った「新しい尊攘派」に脱皮している人々で、有馬が引き返せない立場にまで進んでいて、「時勢」が大きく「倒幕」に傾いていることに気付く１方で、「政治一変」のために兵3千を率いて東上する予定でいた斉彬を偲んでいたと推測すると、２度の「流罪」にあった「下級武士」の西郷が、「倒幕」に舵を切った「新しい開明派」に脱皮して不思議ではありません。とすると、「天皇制」の「中央集権」の「国民国家体制」の「青図面」を引いていて、その「青図面」を胸底深く蔵した西郷が「禁門の変」の直前に上洛している姿が見えてきますが、西郷の胸底に秘匿された「機密」でした。

3、「明治維新史」の「実践運動の段階」に係る話

西郷が、沖永良部島で引いていた「国家体制」の「青図面」を念頭に置くと、65年の第1次の「長州征伐」から「戊辰戦争」までの「実践運動の段階」の「前段」も、「廃藩置県」から「岩倉訪欧団」の派遣と留守中の「施政」までの「後段」も、その「青図面」に基づく「戦略」で貫かれていることが見えてきます。又、同時に、その「青図面」による「国家体制」の「骨格作り」までを己の仕事とし、その「肉付け」は、大久保の仕事としていた気配ですから、「明治6年の政変」は心外でも、本気で引退する機会となっていることも見えてきます。

「長州征伐」 64年（元治2）の第1次の「長州征伐」の総督が「開明」の名古屋の徳川慶勝で、参謀が陪臣の西郷というのは、軍事総裁の松平春嶽の人事であることは、さておいて、「尊攘藩」の長州は、将来の「同盟」を見込める相手ですから、「恭順」の形が整えば済むと考えた「恭順策」が総督の同意を得ると、西郷は、単身で実現に乗り出して、12月25日に実現を確認した旨を報告します。その報告を受けた総督は、27日に1戦も交えずに幕府軍を解散しています。

「薩長同盟」 西郷の「恭順策」に従って筑前に移住した「5卿」に側近していた高知の中岡慎

太郎は、「待遇改善」を西郷に訴えて直ちに実現したことで心服し、「薩長同盟」を構想すると、坂本竜馬も賛同します。その２人の斡旋で先ず実現したのが、薩摩藩名義で購入した洋式銃を、６５年（慶１）の７月から竜馬の海援隊が長州に運んで、大村益次郎による洋式兵制が進行していますから、６６年６月の第２次の「長州征伐」では、幕軍の連戦連敗となります。「薩長同盟」の成立は、６６年の１月ですが、西郷は、「薩摩藩」の「軍事力」と「開明派」の協力を自信していて、「倒幕」の自信が無いから「同盟」を求めているわけではなく、「薩摩」の突出が、「中央集権体制」の障害となることを避けることに配慮している趣です。

「15代将軍」と「4侯会同」

第２次の「長州征伐」の最中の６６年７月２０日に将軍・家茂が大阪城で急死する事態となって、慶喜が家督を相続するわけですが、幕府内の信望が無いことを自覚している慶喜は、４ヶ月間を信望を得る方策を思案し、「外交権の回復」を結論したらしく、１２月５日に「将軍職」の宣下を受けると、２５日に孝明天皇が崩御され２月９日に明治天皇が践祚された後の３月、英米仏蘭の代表に１２月の「兵庫開港」を通知しています。

尤も、慶喜の動きを察知した西郷は、６７年の１月に久光と松平春嶽と伊達宗城と山内容堂の「4侯会同」による「兵庫開港の阻止」を考えて帰国し、２月初めに久光の同意を得ると伊達と山内を訪ねて、５月の慶喜との会談となるわけですが、慶喜は、無視して２４日に「兵庫開港」の勅許を得ます。激高した久光が、薩摩藩の藩邸に滞在していた長州の品川弥二郎と山県狂介に、「王政復古のために武力を行使すると、毛利侯に伝えよ」と公言しています。

「大政奉還」　「4侯会同」のことを知っている坂本竜馬が6月に、後藤象二郎を伴って長崎から上洛する船上で示したのが、「船中八策」で、13日の「薩土盟約」となり、7月3日に「10日以内の率兵上洛」を約束して土佐に帰った後藤が、9月7日に単身で上洛して、将軍慶喜に「大政奉還」を具申すると告げると、西郷は、即座に「盟約」を破毀し、大久保が、出兵の打ち合わせに長州を訪ねて、10月6日と15日に、薩摩藩の先遣隊の1280人が上洛しています。なお西郷は、後藤の説得で慶喜が「大政奉還」の上奏した際は、間髪をいれず嘉納されるよう手配していますから、嘉納する旨の「勅語」が出されたのを確認すると、「倒幕戦争」の準備のために小松帯刀らと帰藩し、11月23日に、藩主忠義が率いる薩摩の本隊3千が入京して、長州兵と芸州兵が待機します。

「鳥羽、伏見の戦い」　「大政奉還」を受けての「新政」への移行は、12月9日の朝議が終わり幕府方が退出するのを待って、薩・長・芸・尾・越の藩兵が出動し会津と桑名の兵を追って宮門を固めると、「小御所会議」で「王政復古の大号令」が可決され、総裁・議定・参与の3職が新設されます。次いで開かれた「3職会議」で慶喜の「納官と納地」が決議されると、松平春嶽と徳川慶勝が慶喜に伝えて、慶喜も納得して大阪城に引き上げた筈ですが、大阪城の佐幕派が激高しての68年（慶4）1月3・4日の「鳥羽伏見の戦い」となります。ここで「錦の御旗」が出動して「官軍」と「賊軍」の戦いとなり、「賊軍」の敗走となります。

「戊辰戦争」　「戊辰戦争」の経緯は省略して、「眼目」の話をすると、西郷が東海道軍の先鋒隊となった薩摩兵を率いて「江戸攻め」に出発した2月12日に、慶喜は、後事を大久保忠寛と勝安芳に託して上野寛永寺に謹慎します。なお、15日に東征軍を総括する総督府の参謀となった西郷が、3月5日に駿府城に入城すると、9日に勝の使者の山岡鉄太郎が西郷を訪ね、13・4日の「西郷・勝の会談」で、「江戸城の無血開城」を合意すると、西郷は、15日の「総攻撃」を中止して4月11日の官軍の江戸城への入城となっています。

西郷と大久保と勝は、「開明派」の知己で、大久保と勝は、「江戸攻め」には西郷が来ることを、西郷は、江戸に近付けば、勝が現れることを承知すると同時に、「倒幕」は「江戸開城」であることを承知し合っている関係で、「江戸攻め」は、西郷が行わねばならなかった「戊辰戦争」で、西郷の「戊辰戦争」は「江戸の無血開城」で終わっている論理となります。

「廃藩置県」と「岩倉訪欧団」　西郷は、「廃藩置県」に備えるために帰薩し、4年に上京して「廃藩置県」を断行すると早々に、岩倉訪欧団が出帆しますが政務調査の書記官と産業調査の理事官という構成の完璧な大調査団は、西郷だけが出来る構想でした。

二、「明治憲法体制」の「戦前史」の話

「幕末の日本」では、1845年に老中首座となった阿部正弘が、島津斉彬を諮問役に「開明」の「幕政改革」に努めながら、「西欧の近代」の来日を待ち受けていて、53年の「黒船」の来航も、52年の「オランダ情報」で知っています。53年には「国書」を受け取って、54年に「和親条約」を締結しているわけですが、次の「通商条約」が「不平等条約」でも、「戦争」が出来ないから「和親」したわけです。となると、「条約改正」までの「臥薪嘗胆」が必要で、子供の紀州の慶福ではなく、賢明の噂の高い17歳の一橋慶喜を「将軍」として、「将軍」が先頭に立っての「挙国体制」しかないというのが、幕末の「開明派」が推進しようとした「将軍継嗣問題」で、「黒船」と「和親条約」を締結する「時点」からの、日本にとっての「最大の宿題」は、「通商条約」の「条約改正」でした。

然し、一橋慶喜の実父の水戸の斉昭が、「大奥」の女性たちに嫌われていて、最大の障壁であることから「大奥対策」として考えられたのが、斉彬の養女の「篤姫」（天樟院）の「御台所」への入輿でした。「和親条約」を締結する前の53年の「黒船の来航」に先立って下国した斉彬が、「篤姫」を養女にしていることからして、「条約改正」を考えていたことの証左で、その婚儀を差配したのが、西郷ですから、その「時点」で「条約改正」を意識していたことになります。なお、「和親条約」を締結する時点で、「条約改正」を視野に入れていたの

は、「将軍継嗣問題」に動いた開明派だけで、西郷は、「条約改正」を視野に彼の「青図面」を引いていたことになります。

西郷が、沖永良部島で描いていた「天皇制」の「中央集権」の「国民国家体制」というのは、斉彬の「挙国体制」を「天皇制」として実現することの「図面」です。欧米諸国が「条約改正」に応ずるのは、「日本の近代化」が条件であると、百も承知している西郷が、有馬らを偲ぶ中で、有馬らが「倒幕」に舵を切っていたことに気付いたとしたら、「倒幕」に舵をきれば、一橋慶喜ではなく、「天皇」を中心とした「挙国体制」が簡単に実現できるだけでなく、「近代的」な「社会体制」が出来ることに気付く筈です。２度の流刑にあった下級武士の西郷が、気付かない筈はないと推測すると、「天皇制」の「中央集権」の「国民国家体制」の「青図面」を胸底に秘匿して、誰にも知られることがなかったと云うのが、西郷です。

何れにしても、「条約改正」を展望した「青図面」ですから、その「国家体制」の「骨格作り」を、自分の仕事とし、「肉付け」は、岩倉と大久保の「仕事」として、「廃藩置県」を断行します。そして早々に、岩倉と大久保に欧米の「現状」を実見させるための「岩倉訪欧団」を派遣し、留守中に「骨格作り」をして、交替して引退する心算であったと推測できます。その、「岩倉訪欧団」についての西郷の意図を、誰よりも承知していた大久保が、米国で迂闊に「条約改正」を持ち出して、大失態を演じたのも、「岩倉訪欧団」を派遣する目的が、「条約改正」の為であると知っていたからと推測するのが、最も自然な推測で、「条約改正」を持ち出して失敗した大久保は、己の手で「条約改正」を実現すると思い定めたに違いありません。それが、大久保で、従って、「拙速主義」でも欧米諸国が認める「近代化」を探すことになりますから、最後に訪問したドイツが、日本よりも遅れて「中央集権」の「国家体制」を実現しながら、「普仏戦争」に勝利して、「国威」を宣揚しているのを見ると、その「国家体制」なら、多少の手直しで「日本」にも通用とすると見たわけでしょう

ところで、西郷は、「開明」の斉彬に薫陶されただけでなく、西郷自身の人間的本質からも、「西欧の近代」の進歩した「技術文明」を学んで、「日本的な近代化を実現」した上で、「条約改正」を交渉するという「王道」を考えていると推測すると、自分が選択したのは、「私」の都合による「拙速主義」の「覇道」であると、大久保自身が考え過ぎたことが、「明治6年の政変」となり、明治10年の「西南戦役」の挑発になったと云う印象です。

然し、「条約改正」という1点に絞って言うと、島津斉彬は、大名故に、「幕藩体制」を前提の「臥薪嘗胆」の「挙国体制」を考えたわけですが、それは、考えたというだけの話で、西郷が、「新しい開明派」に脱皮して主導した「明治維新」によって、「挙国体制」の「実現」の可能性も生まれたわけです。何れにしても、「欧米諸国」が認める「近代化」の実現が「条件」ですから、その「近代化路線」に、「開明」と「開化」の2つがあったと考えると、「岩

倉訪欧団」の副使の大久保の「開化路線」が、「現実」を主導することになり、大久保が１１年に誅殺された後は、伊藤が継承し、「開化」の「明治憲法体制」を実現しています。

「西欧の近代」は、「経済」の「資本主義体制」と、「政治」の「民主主義体制」と、「社会」の「個人主義体制」を、「経済」の「資本主義体制」が統合する「社会体制」の時代ですから、「明治憲法体制」を実現した「時点」では、「資本主義体制化」は、未熟で、その分だけ、「近代化」も未熟であったわけです。「明治憲法体制」を実現して後の「国策」を主導したのは、長州の山県で、「征韓論」を延長した形の「大陸侵攻策」を、「西欧の近代」の「戦争政策」で実現する「路線」で、「日清戦争」と「義和団事件」と「日露戦争」で、欧米諸国の「アジアの権益」に係る番犬的存在を認められることになって「明治４４年」には懸案の「条約改正」をも実現しているので、山県の「開化路線」が「条約改正」を実現したことになります。

然し、先にも述べたように、欧米の「表街道路線」とは衝突しない、「裏街道路線」であったことと、第１次大戦までの「国際社会」を主導した英国が、日本に好意的であったことに加えて、英国が最も警戒する「ロシア」に勝利したことの影響が、強いわけです。だが、「第１次大戦」に、参戦する際に、「裏街道路線」を露骨にして、特に、第１次大戦を境に、国際社会の主導権を掌握する米国の警戒を招きます。

1、「開化」の「国家主義」の「明治憲法体制」の「建設期」に係る話

大久保の施政　新設の内務卿となった大久保の施政は、明治7年1月の「東京警視庁」の新設で始まっていますが早々の2月には「佐賀の乱」が勃発し、4月には「台湾出兵」が問題となり、英・米が反対し木戸が参議を辞する中で、西郷従道に押しきられた出兵は、風土病で退散する始末となります。大久保が清国と交渉して50万両の償金を得たことは、さておいて、木戸と板垣の参議への復帰を企図した8年の「大坂会談」では、「立憲政体」の予定を話して、「漸次立憲政体」の詔勅で裏打ちしています。

然し、10月の「江華島事件」では、「修好条約」を締結する1方で、左大臣の島津久光が三条を弾劾して辞職し、板垣も木戸も参議を辞職して、9年には、神風連・秋月の乱・萩の乱と西国の反乱が続いて、全国的に不穏な動きが情勢になると、大久保は、西郷を「賊将」として葬ることを発想して、明治10年の「西南戦役」を挑発します。

「西南戦役」　私学校の若者たちが挑発に乗ったと知った西郷は、「シモタ」と叫んだと伝わっていますが、激高して走り出した「若者」たちに「非」があれば、身を挺して止めた筈で、「非」がなければ、暫く「身」を預けて、彼らを救出する手立てを講ずるしか無いとするのが、私学校の教育です。熊本まで進発して「熊本鎮台」の奮戦に救われる思いで、熊本城の周

辺に止まって、大久保の「妥協」を待つことにし、「西郷たちの処刑」を条件に「若者」たちの救出を考えたものであるというのが、私学校の「綱領」からの推測です。
司馬遼太郎は、一部を熊本城攻めに残して、本隊が東京に向かわなかったことを、「戦術の拙さ」と見たようですが、それを実行した場合、「西郷軍」を防げる「鎮台」は途中に存在せず、東京に到着することになったら、それこそ全国的な不平を喚起して、「明治維新」を破壊する結果となった筈です。西郷は、苦心した「明治維新」を崩壊するような存在ではないことを、見落とした見解であることは、さておいて、大久保が「妥協」を拒んでいると知った時に始めて、大久保の意図を理解したようで、ならばと、途中で多くの「若者」たちを解放しながら、鹿児島へ引き上げるわけで、官軍も「吉次峠越え」の１路だけは空けています。

「自由民権運動」

「西南戦役」が終わると、大久保の予想した通りに、不平士族の関心は、「民権運動」に移るわけです。その「自由民権の思想」には、西欧の「民権思想」からの借り物の主張は有りますが、「政治権力」から疎外された者たちの「権力志向」が本音で、例えば「秩父困民党」への「共感」は見当たらないだけでなく、板垣や大隈は「権力」からの誘いに弱く、時に過激な「事件」に発展しているのは、藩閥出身の俄高官が招いたもので、「国会開設」が明示されると、「政党活動」となって、「明治憲法体制」の「露払い」をする運動となっています。

「大久保路線」の継承　明治10年の「西南戦役」で、西郷を「賊将」として斃した大久保が、11年の「紀尾井坂事件」で誅殺されると、「岩倉訪欧団」に参加した時から、木戸ではなく、大久保の側近化している印象の長州の伊藤が、内務卿となって、大久保の政治手法までも忠実に継承しています。「国会」の議決を制約する制度を工夫しながら、「憲法調査」と称してドイツに出掛ける日を待っている情況で、伊藤自身が特に何かを工夫したという印象はありません。

気運が熟してきたと見た14年には、各参議の「国会開設」の意見を聴取する形で、大隈の観念論的な「意見書」を引き出すと、10月11日の「御前会議」で、「立憲政体に関する方針」と大隈の参議の罷免を決定し、12日には「23年の国会開設」の勅諭が出されて、「自由民権運動」の「政党化活動」への変針を誘導しています。大隈の罷免は、「明治14年の政変」など評されるような出来事ではなく、大隈の独善的な観念論だけが目立っています。

「大日本帝国憲法」の公布　伊藤は15年の3月に、「憲法調査」と称して欧州へ出張して、11月には板垣と後藤の渡欧をも実現して、16年の8月に帰国するわけです。それも大久保の予定を踏んで、「ドイツ」の「国家体制」の学習に出掛けたわけで、17年の3月に宮中に制度取調局を設置して長官となり、「憲法と皇室典範」の起草に着手し、18年の12月に「太政官制」を「内閣制」に改めると「首相」に就任し、「法制局」を新設します。長官の井上毅が「憲法草案」を作成し、２１年の6月に「枢密院」での審議を開始し、２２年2月１１日の「大日本帝国憲法」と「衆議院議員選挙法」などの公布となります。

なお、「憲法草案」をご覧になった皇后が、疑念を述べられたと伝わっていますが、「西洋事情」についても相当な知識を所有しておられた皇后の疑念を、「天皇」を「絶対主義君主」としていることへの御懸念と拝察するのは、「西洋」の「絶対主義君主」が、「革命」によって否定されている存在であると承知されていることと、「天皇」の周辺には、国土と国民の安寧を祈る「首長」の自覚は伝承していても、自らを「絶対者」とする意識は存在しないことからで、「明治天皇」が、「国民」が望むところに従おうと、憲法上の存在に徹する御決意を述べられたと伝わっています。

その他　政府の各部署では、「政治的問題」以外の実務的な「近代化」の「制度化」が進んでいます。不思議に堪えないのは、外交感覚に問題のある井上薫と大隈重信が中心となっていて、井上が外相時の２０年4月の「条約改正会議」での、「批准2年後の内地解放と西洋主義の法典編纂と外国人判・検事の任用」の議定は、6月のボアソナードの反対で7月に無期延期となっています。9月に井上が辞職すると、２１年2月に大隈を任用し、１１月に「大審院判事の外国人登用」などを外国公使に通告していることを、「ロンドン・タイムス」が公にして、玄洋社員に襲われながら、大隈は、三条首相に１２月に罷免されるまで辞めていません。

2、「明治憲法体制」の「展開期」に係る話

「大久保路線」を継承した伊藤は、前節で見たように、「自由民権運動」を「露払い」として、「明治憲法体制」の制定までの「建設期」を主導し、「軍制」に長じて「陸軍」を掌握している山県が、日清・日露の戦争から第1次大戦までの「展開期」を、主導して行くことになります。その山県の朝鮮半島から満州への「大陸侵攻策」は、「西欧の近代」の「侵略の論理」に随順するものになっていることと、欧米の「表街道路線」とは衝突しない「裏街道路線」であることと、ロシアの「南下策」を防止するものであることから、日本の台頭は、アジアの「番犬的存在」の出現と歓迎されることになり、「明治時代」の23年間で、欧米諸国にも「近代国家」として認められる存在となり、懸案の「条約改正」をも実現しています。

従って、「大正時代」に入っての「第1次世界大戦」には、英・米側としての参戦を誘われて、「表街道」に登場することになるわけですから、「裏街道路線」を持ち出さないことの配慮があって当然です。どうやら「裏街道路線」という意識を欠いて「対華21ヵ条要求」を強要して、シベリア出兵で沿海州への領土的野心を印象付けたことから、米国の「警戒」を招いて、「戦後」の「ワシントン条約」での「21ヵ条要求の削除」とか「海軍の軍縮問題」を惹起すると同時に、大正10年の山県の失脚や原首相の刺殺で、「開化」の「国家主義」の「転換期」に遭遇します。だが、「国家主義」の「危機的状況」とする「体制派」は、「山県路線

の回復」に舵を切っています。

「日清・日露の戦争」　２２年の大隈の「条約改正問題」で黒田内閣が総辞職した後の山県首相は、２３年の第１議会に「軍事予算」を上程して「衆議院」の反対を招いたことから、「議会軽視」を姿勢とするようになっていることは、さておいて、井上薫が中心で進めてきた「朝鮮問題」は、「清国」との「天津条約」までに進んで、次の展開は、「日清戦争」となっていることからの「軍事予算」で、現実の「開戦」は、明治２７年となります。「日清戦争」の実体は、李鴻章の「北洋軍閥」との戦争では、朝鮮の「東学党の乱」を口実に「宣戦布告」した「戦争」で、２７年８月の「黄海海戦」で「北洋艦隊」を撃破し、２８年の２月に「旅順口」を占領すると、李鴻章との第１回会談を経た後の４月の「講和条約」で、朝鮮の独立の承認、遼東半島・台湾・澎湖列島の割譲、賠償金２億両を取得しています。

なお、２８年４月の独・露・仏の「３国干渉」で「遼東半島」を返還した際は、還付償還金３０００万両を受領しているので、問題となっていません。だが、「３国干渉」を機会にロシアが、「遼東半島」を借用し満州の鉄道敷設権を得て満州に進出したことと、朝鮮が「親露政策」に転換したことから、「日露戦争」が避け難い情勢となり、３７年２月の「宣戦布告」・３８年３月の「奉天会戦」・５月の「日本海々戦」、６月の米国大統領への斡旋依頼・８月の「ポーツマス会議」で、韓国保護権と南樺太と遼東の租借権と東支鉄道などを獲得します。

朝鮮の「併合」　日露戦争に先立っては、33年の「北清事変」で連合国軍の主力を勤めて、アジアの番犬的存在の印象を与え、35年には、「日英同盟」が成立して、日露戦争を後押しされる印象もあることは、さておいて、日本の戦争能力もあって、日本が講和の斡旋を強く米国に要請したようですが、「戦果」が薄いとした「焼打ち事件」のことは、「戦争」は儲かると日本人が考え始めた事件と考えると、侘しい限りで、「ポーツマス条約」で、「韓国保護権」を取得したことから、「日韓併合」の動きが公然化しています。

その「併合」の経過は、明治37年（1904）の「日露開戦」の数日後の「日韓議定書」（韓国保全の名目での日本軍の行動の自由）―同年8月の「第1次日韓協約」（日本政府が推薦する財政・外交の顧問）―明治38年11月の「第2次協約」（外交権の接収と保護国化と統監府の設置）―明治40年7月の「韓国皇帝の譲位」（ハーグの第2回国際平和会議への密使派遣）と「第3次協約」（韓国軍隊の解散と内政全般の譲渡）―明治42年7月の桂内閣の閣議で「韓国併合の方針」を決議―同年10月・伊藤暗殺―明治43年（1910）8月の「日韓併合条約」（統治権の譲渡、名称は朝鮮）となっています。

「条約改正」　「通商条約」が「不平等条約」になっていることからの懸案であった「条約改正」のことは、日本が「近代国家」と認められたことから、明治44年（1911）の日英、日米、日独の修好通商航海条約（関税自主権の確立）で終了しています。

「条約改正」の動きは、島津斉彬の「将軍継嗣問題」―明治4年の西郷の「岩倉訪欧団」―大久保の「開化路線」の選択となり、長州の伊藤が継承して22年の「明治憲法体制」とした後の「開化政策」を、長州の山県の「裏街道路線」の「大陸侵攻策」の日清・日露戦争に勝利した結果で、「明治時代」の22年間で実現したわけですから、「山県」の「裏街道路線」の成果であることは、否定できません。

「第1次大戦」 山県自身には、「裏街道路線」という意識はなく、長州の「征韓路線」を延長しただけで、「第1次大戦」への参加も、清国の本土への侵攻の機会を得ただけの感覚で、「21ヵ条要求」も「シベリア出兵」も行ったということでしょうが、「表街道路線」の米国の警戒を招くようになったことが、2017年の日米間に至る原因となっていることは、さておいて、その「戦争景気」で「軽工業部門」の「機械化」も進んで、「経済の近代化」（資本主義体制化）も実現しているので、「第1次大戦」後は、「近代国家」としての「戦後」と、「日本」の「戦後」とを迎えて、「大正デモクラシー」が「社会風潮」となり、「労働問題」が「常態化」すると、「マルクス主義」も流行化する中で、大正13年には「憲政党」の加藤高明内閣が成立し、14年には、「治安維持法」と「普通選挙法」を制定しています。

3、「明治憲法体制」の「解体」に係る話

先にも述べたように、第1次大戦後の「戦後情勢」を、「開化」の「国家主義」の「明治憲法体制」の「危機的状況」とする「体制派」が、「昭和」に入ると同時に、憲政党の若槻内閣を総辞職に追い込み、山県直系の元エリート軍人で、「対華21ヵ条要求」の起案者とも云われる政友会の田中義一首相を実現して、「内憂を外患に転ずる」形の気運を醸成したことから、「昭和の15年戦争」への一本道となって、昭和20年の「敗戦」による「明治憲法体制」の解体となるわけです。

然し、「太平洋戦争」の主敵が米国であったことから、「終戦」の「条件」が「ポツダム宣言」となり、「開化」を、ヨリ徹底する方向に加速する「開化」の「民主主義」の「昭和憲法体制」を、「明治憲法」の「改正手続」の形で強要されることになりますが、「明治憲法体制」の「開化」が下地となって定着するだけでなく、その「昭和憲法体制」の下で、「経済大国」と「技術先進国」として現在しているわけです。

なお、「世界史の理論」を模索してきた立場で言うと、「開化」の近代が追随する「西欧の近代」が「世界」を支配する「世界史の近代」であるからとの理解になりますから、「日本の近代」の「明治憲法体制」の「時期」は終わったけれども、「世界史の近代」は終わっていないとの論理になると同時に、「開化の近代」も終わっていない論理となります。

田中義一の「満州政策」

田中が「山県直系」の「エリート軍人」であったことは、国民が周知していることで、若槻内閣から田中内閣への交替の「経緯」は、「満州侵攻策」の復活を宣言するという意味合いを持っていますから、「満州侵攻」を「既定方針化」している「現地」の「関東軍」の雰囲気は、推して知るべしとなります。又、広州の国民政府の北伐軍の司令官の蒋介石は、日本の士官学校出身の「共産党嫌い」ですから、「上海」まで進出すると「反共クーデター」を起こして、国民党の「武漢政府」に対する「南京政府」を発足させると同時に、昭和2年の11月に来日して、田中首相と歓談しています。

国民党の創設者の孫文は、ソ連の代表と会って「国・共合作」を合意したことから「土地政策」をも取り上げた「新3民主義」を主張するようになっていますが、日本で「革命同志会」を旗揚げした頃は、「滅満興漢」を名分とし、日本人の支援者には「満州は、ご自由に」という姿勢で、蒋介石も田中に、「満州は、ご自由」にと約束した気配ですから、田中は、それまで支援してきた満州軍閥の「張作霖」を見捨てたようです。

昭和3年の「張作霖」の「爆殺事件」は、関東軍の河本大作大佐の独断であったとしても、田中の動きを先取りした形ですから、田中の「処分」が甘くなるのは、避けられないことで、「天皇」に叱責されて辞職したと伝えられています。なお、終戦後に中国兵とし残留した東洋大学生の戦友は、「八路」との攻防戦で、河本大佐が指揮する部隊で戦って戦死したらしいと聞きました。

「満州事変」と「支那事変」　大正13年（1924）の1月に生まれた僕は、昭和5年の4月に小学校に入学するまでの「幼児期」のことは、全く関知しないことで、小学1年生のことで覚えているのは、「陸軍記念日」に「日清戦争」に参戦した老人が、「日清戦争」の話をされた際、朝鮮半島は、日本列島の腰のところに突き付けられた「短刀」のような存在で、清国やロシアに占領されると危険だから、「戦争」をしたのであると聞いて、「戦争」にもいろいろな言い分があると、印象したことを覚えています。他で覚えているのは、2年生になった時の「満州事変」で、「敵地」での「事変」という名の「戦争」には、後ろめたいものを感じて、「爆弾3勇士の歌」よりも、「生命線節」を愛唱しながら、3年生になる直前の3月に「満州国」が建国されて、清国の最後の皇帝が執政になった時には、これも大人の知恵だなと見る1方で、何処かに「嘘」があると感じて、気の毒に思っていたので、「5・15事件」が起きた時には、「鞍馬天狗」のような人々の出現と印象して、大人の雑誌の付録の小冊子を持ち回ったこともあります。

なお、8年の2月の「国際連盟」の脱退を歓呼する大人たちには、「疑念」を覚えたことから逆に、「戦争」のことは「禁句」と弁えて、「満州建国」で終われば、これで収まるかもしれないと考える1方で、何か「陸軍」の軍人の間では、「功名心」から「次の戦争」を計画されてるような雰囲気を感じながら、「満州事変」から「支那事変」までは、見ざる、聞かざる、言わざるで過ごしました。

「大東亜戦争」 中学5年生の時に「開戦」した「大東亜戦争」は、負ける筈のない「中国」が相手の戦争ではなく、大国の米国や英国が相手の「大戦」で、「総力戦」となるのは当然であるという理解だけではなく、やがて「戦場」に召される運命の「戦争」であると考えて、僕なりに緊張した「開戦の日」のことは、昨日のことのように覚えています。

なお、「満州事変」や「支那事変」の延長の「侵略」なら、「勝てない戦争」であると考えていたところで、「開戦」から1年が経過した17年の11月に、「戦争」の「名分」に疑念を覚える「出来事」に出会い、第1話で述べたように、「聖戦」とする「変革」を考えて、「昭和維新」に関心することになったわけです。

「終戦」に係る話 僕自身は、19年の10月に先生から「終戦工作」の話があって、「最後の昭和維新」と合点しているところで、20年3月2日に「現役召集」されて、「終戦」を「中国の戦場」で迎えました。差迫った状況で召集されて、中国を垣間見たことが、僕の今の「在り方」を決定しているのを見ると、端倪すべからざる「歴史の意思」が働いているように印象して、これが僕の人生であると納得しているところです。

三、「昭和憲法体制」の「戦後史」の話

さて、繰り返し述べているように、僕が生まれた大正13年は、「戦前」の「国家主義」の「明治憲法体制」が、「第1次大戦」の「戦時景気」で「経済の近代化」・即ち「資本主義化」を実現したことで、「大正デモクラシー」への「転換期」を迎えた雰囲気の「時勢」ですが、その「社会的風潮」を「国家主義」の「危機的状況」とする「体制派」が、昭和2年の早々に「憲政党」の若槻内閣を総辞職に追い込んで、「山県直系」の田中義一首相を実現して、「内憂を外患に転ずる」形の「政策」を期待しますから、「昭和の15年戦争」へ向かう時勢となっています。

従って、昭和5年に小学校に入学した僕は、小学生時分を「満州事変」・中学生時分を「支那事変」・高校生時分を「大東亜戦争」と「15年戦争」の最中を成長し、高校を卒業した20年の3月2日に「野戦補充員」として「現役召集」されて、中国・山西省の「戦場」で、「終戦」の「玉音放送」を拝聴することになりました。

ところで、「大東亜戦争」は、僕も「兵士」として召される「運命」にあると知って、「大東亜戦争」を「聖戦」とする「昭和維新」に関心した「縁」で出会い、終生を師事することになった先生から、19年の10月に「終戦工作に入る」旨の話があって、即座に「最後の昭和

維新」と合点し、２０年3月の2・3日には上京する予定でいたところで現役召集されたので、「終戦工作」とは、このような形の「御決断」を請願することであったと納得すると同時に、「民族の首長」に回帰されての「御決断」で、「日本民族」を、「1億玉砕の淵」から救出された「御聖断」と感銘しながら、「御聖断」に応えるためには、「1億玉砕論」にまで脱線した「国家主義」の「国史観」を卒業して、新しい「日本史観」を探す必要があると考えていました。

従って、1月後の9月中旬に新設の「農耕隊」に転属した日の夜、戦後では初めて文庫本の「古事記」を手にして瞬間に、中学時代に初めて「古事記」を読んだ時からの「持論」を思い出したのが「契機」で、「地球規模」の「人類史」を「世界史」とし、「日本列島」の「人類史」を、分流の「日本史」として、「世界史」と「日本史」の「全体と部分」の関係の「世界史の理論」を模索すれば「客観的」で最も信頼の出来る「日本史観」を得られると、発想したことから、その「世界史の理論」を模索する生涯となったわけです。

なお先にも述べたように、２１年の5月末日に復員し、「戦後」を「大学」への復学から始めようとしたところで、先生の「終戦工作」に捨身する予定で、1年前に「大学」を選択した際とは「情況」が一変して、「戦後」を如何に生きるかを決めないと、「人学」で何を学ぶかも定まらないことに気付いて、２３年3月までを、先生に勧められた大徳寺山内の「禅塾」などで思案している中での或る時期、「敗戦」を招いた事情を解明しようと「明治維新」にまで遡ることにして、「侵略を宗とする西洋は、野蛮」と断ずる「西郷南洲遺訓」の1節に出会いました。

そのことが、「契機」で、「明治維新」の「実践運動の段階」を主導した西郷が、島津斉彬の遺臣で、「西欧文明」を学んでの「日本的近代化」を展望する「開明路線」であったのに対して、その西郷を「賊将」として葬った大久保が、「西欧文化」を輸入しての「脱亜入欧」の、「西洋的近代化」を志向した「開化路線」であったことに気付くと同時に、大久保が「紀尾井坂事件」で誅殺された後は、「征韓論」の長州の伊藤が忠実に継承して、明治22年の「大日本帝国憲法」（明治憲法）の公布までを主導し、その後の「展開期」を、「征韓論」を延長した「大陸侵攻策」の山県が主導したことから、その「山県路線」を体質とする陸軍の「高級幕僚」たちが、「昭和の15年戦争」を主導して「敗戦」を招いたと推論しました。

従って、「敗戦」で「明治憲法体制」が解体されるのは、止むを得ない「成り行き」であると見ていたところ、GHQが、「明治憲法」の改正とする「日本国憲法」（昭和憲法）を強要するのを見て、「占領政策」は「講和」までの寿命だから、「占領政策」を「講和後」まで残す策と見たわけですが、「開化」をヨリ徹底する方向に加速した「民主主義」の「昭和憲法」が、第1次大戦後の「大正デモクラシー」を再現する形で定着する動きになりました。

そのような動きの「戦後の社会」と考えてみようと、「全国区」の「参議院議員」が廃止された際に、第1回からの総ての選挙の「得票傾向」を概算したところ、棄権票が30％・保守票が45％・革新票が25％で固定していますから、日本国民は、「付和雷同」する国民ではないようだと見る1方で、社会党左派と共産党を「革新」・他を総て「保守」とした中で、「保守」の15％と「革新」の5％が枠内を浮動していると印象しました。

「開化」の「民主主義」の「昭和憲法体制」の日本は、「片面講和」で独立した51年から89年までの「冷戦中」を、「米国陣営」に組み込まれて経由する中で、世界第2位の「経済大国」の「技術先進国」に成長したわけですが、「市井」に渡世する「庶民」として「世界史の理論」を模索すると思い定めていた僕は、50年代の10年を「高校教師」を勤め、「会社勤め」に転職して上京した61年に、「世界史の理論」の模索にも着手したところ、偶々、旧制高校の先輩の池田首相と佐藤首相の、「国内経済の季節」の60年代と鉢合わせすることになる中で、模索も支障なく進行し、定年で「勤め」を辞めた80年には、「世界史の理論」の「骨格」をなす「人類史」の「4つの段階」を認識し、更に80年代に「世界史の近代」をも認識しました。

なお、本書の著述の関係で、第5話の「現代化」を考察することになって、「現代化」は、「時代の転換」ではなく、「段階の移行」であると気付いたことから、日本は「開化の近代」のままで、その移行に係る「合意の形成」に参加すればよいと推論しているところです。

1、「開化」の「民主主義」の「昭和憲法体制」の「戦後の昭和」に係る話

第1話で述べたような「契機」と「経緯」で、「終戦」を中国の戦場で迎えた後の中国での抑留中に、「世界史の理論」の模索を思い立って、昭和21年の5月末日に復員したところ、「大学」に復学するに先立って、「戦後」を如何に生きるかを、23年の3月まで思案することになり、「市井」に渡世する「庶民」として「世界史の理論」を模索すると思い定めて、4月から通学を始めた10月に、「学問の師」と出会い、更に「学問」を続けられる環境として、50年代の10年を高校教師を勤めることになって、「世界史の理論」を模索する準備ともなったところで、担当する「一般社会」が「戦前」の「公民科」に変更する動きとなったので、「世界史の理論」を模索するための転職をも考え始めていたところで、60年の「安保騒動」となりました。

「国内政治の季節」 僕の「戦後」は、今も述べたように、「戦後」を如何に生きるかを、23年の3月まで思案することになり、4月から通学を始めた10月に「学問の師」とも出会い、50年に卒業して高校の「一般社会」の教師となりました。翌51年に、「世界史」という教科も新設されて「片面講和」も成立したわけで、独立国としての「占領政策」の洗浄も終わった「55年体制」になると、「新制高校」が「上級中学」であるとの位置付けも明確になり、

「大学」への「進学指導」を重視することになると、「一般社会」を「戦前」の「公民科」に変える動きとなりましたから、60年の「安保騒動」を機会に、「高校教師」の職を辞して「会社勤め」に転職した61年に「世界史の理論」の模索にも着手することにしたわけです。

その50年代の終わり近くの「三井三池」の「労働争議」が、警察官の1万人の動員で壊滅して行くのを見ながら、明治時代なら自衛隊が出動したところだと考えて、「自衛隊」の鉄砲が、国民に向けられない「情況」を想像し、自民党政権が「戦争」を計画した時が問題だなと考えて、自民党も、迂闊に「戦争」は出来ないなと考えていたところで、「安保騒動」となりました。「国会への突入」という事態になれば、岸首相には、「自衛隊の出動」という手が残っていると考えると、この「騒動」は、「岸首相」には届いていないなと見ていたところ、「女子学生の死亡」という事態が発生して、岸首相の退陣となりました。「共産党」は、「武装革命方式」の失敗に懲りて、「国会周辺」を避けたことから、いわゆる「進歩的文化人」の「共産党離れ」を招いているのに対して、「議会政党」の「社会党」は、大衆を「国会周辺」に集めたことを、「成功」と評価するでしょう。

何れにしても、「安保改定」は、成立して、「岸首相の退陣」は、「女子学生の死亡」が原因となると、この「騒動」を、「3派全学連」がどう総括するか次第で、「学生運動」の命運が決まるなと見ているところに、1部上場の「専門商社」からの転職の誘いがあったので、70年を東京にいたいと考えて、転職したわけです。

「国内経済の季節」　61年に「転職」して上京したことを機会に、「世界史の理論」の模索に着手し、日本列島の「人類史」の1万2千年を遡ることにして早々に、「ムレからムラへ」の変容に気付いたことは、さておいて、旧制高校の先輩の池田首相と佐藤首相の「国内経済の季節」に鉢合わせしたことから、「視野」も「人脈」も一気に「日本大」となり、その恵まれた環境で、順調に「世界史の理論」をも模索することになりました。

なお、「学生運動」に僕が注目するのは、その「反米闘争」を、「独立の気概」を示す「唯一の運動」と見ているからで、「新左翼」の学生の方は、「反米闘争」には事欠かないところで、「学園紛争」にも取り組み始めたようですが、結局「マルクス主義」を克服できない「思想運動」の故に、「闘争主義」を克服できず、「狷介」を「純粋」として「過激」を競う傾向を懸念しているところで、乳ガンで東大病院に入院していた妻が、68年の7月に病死し、翌69年の1月に「安田講堂」の落城となったのを見て「新左翼」と「新右翼」を問わず目を通すべき「思想書」を、「文庫本型」で出版することを考えて会社の方は「営業部長」で退職することにしました。

「国際経済の季節」　僕が「出版元」として毎月1冊を作成し、高校時代の友人の「出版社」が「発売元」になることで進めていた計画の方は、最初に「12冊」を印刷しての「専用の本立て」付きでないと、本屋が並べてくれないぞとの話となったことから、1部上場の「建設会社」に勤めながら、12冊を編集することにしましたが、通常の担当業務と専属的な「法務」が忙しく、「企画部長」を勤めた後に定年退職するまで、編集できませんでした。

ところで、「国内経済の季節」の最後の5年と、「国際経済の季節」の最初の5年の70年代は、定年で「勤め」を辞めた80年には、「世界史の理論」の「骨格」をなす「4つの段階」を認識していたことで、重要な10年となります。だが、一般的には、土建屋感覚の田中首相が、「金と数」を露骨にした「政治手法」で「政治」を掻き回したと云う印象が強く、82年に実現した中曽根首相も、田中派の支援で成立したようですが、「先生」を「後見人」に彼流の「総論政治」をやっていた85年に、竹下派が成立して、「ロン－ヤス」の関係によるレーガンへの傾倒と「国鉄」の「民営化」で、1つの存在となった趣です。

尤も、僕の方は、「行方不明」になった「学生運動」の方が気になって、「時代の変革」が「歴史のテーマ」である限りは、「維新革命」であるべき論理であることを認識する必要があるとして、「維新革命に関する序説」と云う「私家版」を著作したところで、よんどころない事情から、或る私立大学に勤めることになり、始めの2年を片道2時間の電車通勤とした機会に、「世界史の近代」を認識し、89年の3月に「事務局長」で定年退職するのを待っているところで、「昭和天皇」の崩御と「昭和」の終焉に遭遇したわけです。

2、「開化」の「民主主義」の「昭和憲法体制」の「平成」に係る話

「戦後の昭和」を整理することにした際、60年までの「国内政治の季節」が、「占領期間」と独立の「政治体制作り」の「5年＋10年」−75年までの「国内経済の季節」が、「経済体制作り」と「新局面」の「10年＋5年」−90年までの「国際経済の季節」が、「新局面の調整」と「国際経済」の「5年＋10年」となっていることから、次が「国際政治の季節」となって、「国際政治」と「新局面」の「10年＋5年」になると面白いと考えているところで、「ソ連」が解体して「冷戦」が解消する「運び」となりました。

平成の「国際政治の季節」　平成の90年台の10年と21世紀に入ってからの5年の、「国際政治の季節」を設定したわけですが、「冷戦の解消」に関係する「季節」であることと、60年代に始まる日本の「産業構造」に係る「戦後不況」と80年代の「バブル」も弾けるという「複合不況」になったことと、「冷戦の解消」で解体したのは、「ソ連陣営」だけではなく、「米国陣営」の解体でもあったことと、「冷戦」までの「論理」が通用しなくなったような「世界史の近代」のズレが現実化したらしいことなどの「事情」が、複雑に絡んでいるように印象する「季節」となりましたが、米国が「1極支配」の「世界戦略」を転換していないことと、日本が「先棒」を担いでいることには変化は無いと見ました。

従って、２００５年の小泉首相が、ブッシュ・ジュニアの「子分」として、米国への「従属国化」を進めているのを見て、２０２０年に至る続「国際政治の季節」を設定したことは、さておいて、９１年の「湾岸戦争」時まで遡っての話をすると、海部首相が、９億ドルという巨額な「軍事費」を供出していますが、米国の「ショウ・フラッグ」という1言が効いて、小沢幹事長が「集団的自衛権」と騒ぎ立てるのを印象しています。その小沢幹事長が「東京都知事選」で、金丸が「佐川急便問題」で失脚すると、「自民党」の一党支配が終わり、細川・羽田・村山という弱小政権が続きますが、自民党の政権が復活する形で、橋本首相となり、９８年に後継した小渕首相が、思い切った「デフレ対策」として「大型」の「赤字財政予算」を組んだ直後に急病で斃れます。

ところで、小渕派幹部が更迭し易い人物として選んだらしい森首相が無能で、「自民党の危機」と見ての「加藤の乱」の「火中の栗」を拾ったのが、ＹＫＫの1人の小泉首相でした。小泉首相が「変人」を自称していることは、さておいて「選挙地盤」が安定していることと、「大臣」の地位に齷齪する必要はなさそうであることとから、我が道を歩いている印象で、ブッシュ・ジュニアの「子分」となったのも、レーガンの「弟分」となった中曽根首相よりも1歩を進めただけという印象で、「郵政改革」も中曽根内閣の郵政相時代に、中曽根内閣の「国鉄改革」を見ながら構想していたという印象でした。

続「国際政治の季節」　２０２０年に至る続「国際政治の季節」を設定して「小泉政治」の是正をする5年と「国際政治」の１０年を期待したところ、０６年9月から０９年9月までは、自民党の安倍・福田・麻生の3首相。０９年の9月から１２年の１２月までは民主党の鳩山・菅・野田の3首相。１２年の１２月から再登場した安倍首相が、「民主党政権」の失敗の反動としての期待感を利用し、彼なりの「使命感」に燃える形で「禁じ手」に踏み込んだ「政策」で「国民」の期待を掻き立てる政治を行っていて、「失敗」と解るまでが勝負という政治を行っているという印象です。そのような手法が罷り通るようになっているのが、本書の第5話に取り組むことになって気付いた「世界史の近代」の「ズレ」に生じた「時勢」のようで、１７年の1月の米国のトランプ大統領の登場も、その「ズレ」に生じた現象であるという意味では、安倍首相のオバマ大統領からトランプ大統領へ乗り換えも、興味ある進行の趣があります。

「世界史の近代」と「日本史の近代」　僕は、「日本の近代」の大正１３年に生まれて、これまで述べてきたような「契機」と「経緯」で、終戦直後の中国で考えた「世界史」と「日本史」の「全体と部分」に係る「世界史の理論」を、「市井」に渡世する「日本人」の「庶民」として模索すると思い定めていました。だから、「会社勤め」に転職して上京した６１年に着手し、定年で「勤め」を止めた８０年には、その「理論」の骨子を成す「4つの段階」を認識して、「世界史」の「人類史」を網羅した形になっていたことに満足して「第１段階」を終わったと考えました。

従って、８０年代に、「世界史の段階」の「最初の時代」を考察して、「西欧の近代」と重層し、「西欧の近代」が「世界」を支配して「時代」である「事実」を概念とする「世界史の近代」を認識し、その「支配」の現実である「植民地支配」を拒絶した「新興独立国」の輩出を、「世界史的時代転換」の始まりと見て、「世界史の現代」を観念したことから、「世界史の理論」の模索の「最終のテーマ」は「現代化」であると推論しながら、その「現代化」は、「世界史の近代」の「弁証法的克服」を考えればよいとして「先送り」してきました。

なお、「本書」の著作に着手し、第４話までを終了して、第５話に着手するまでは、「現代化」は、「近代」の「時代転換」としての「弁証法的克服」と考えていたわけです。そうでは無いことを気付く機会は幾らもあったにも拘わらず、「歴史」における「時代転換」は、「弁証法的転換」であると思い込んでいたことが、「違い」を見落とす原因となっていたわけですが、「湾岸戦争」に出動したのが、米軍主体の多国籍軍であるのを見て、「冷戦」までの「論理」が通用しなくなっているのではと考えていたことから、第５話の考察に着手して早々に、「現代化」は、「時代の転換」でないことに気付いたわけです。

というようなことの次第でその模索の「最終のテーマ」の「現代化」の考察に入って、「現代化」が「段階の移行」で「合意」の移行であることに気付いたのも、僕の「人生」であったと納得し「世界史の理論」を模索して「本体」をも掴まえたと印象しているところです。

第３話　「共同体」の話

さて「世界史の理論」の模索を思い立った抑々の「契機」が、「日本」と云う「民族共同体国家」に係る新しい「日本史」を、「世界史の理論」に探すためであったことから、模索してきた「世界史の理論」を披露する本書の第３話として、〈「共同体」の話〉を持ってきました。だから、６１年に「世界史の理論」の模索に着手した際に、先ず２０世紀の「日本民族」という「共同体」が「ムレを成す動物」の１類である「人類のムレ」に淵源する「手掛かり」を得たいと「日本列島」の「人類史」の1万2千年を遡ることにしたわけです。

なお、早々に「現人」の「日本人」の先祖である「縄文人」が、「集落」（ムラ）を造成して、「世界最古」の「土器」を「生活用具」とする「文化的生態」にあったことに気付いて、「ムレからムラへ」の変容と、関連しての「ムレの摂理」の「共同体の道理」への変容を推論し、「世界史の理論」に係る「人類史」を、「共同体」の「歴史」として模索してきました。

「人」は誰もが、帰属する「共同体」の、或る「時代」の、或る「時勢」に生まれて、いろいろと「変化」しながら連続する「時勢」の「成り行き」に、その「人」なりに反応しながらの「人生」となるようであるというのが、９３年を生きてきた僕の実感です。僕の場合は、「日本」という「民族国家」の「開化の近代」の大正１３年（１９２４）の「時勢」に生まれたことから、昭和の「15年戦争」の最中を成長する「廻り合わせ」の「戦中派」となったわけで、中学5年次の12月8日に開戦した「大東亜戦争」は、それまでの中国相手の「満州事変」や「支那事変」と違って、米・英を相手の「宣戦布告」をしての「大戦」となったわけですから、僕なりに緊張したことを覚えています。

我が家を5時過ぎに出て乗った汽車通学の車内は、何時もと同じく平穏でしたが、中学がある駅で降りて中学までを歩き始めたところで、道路沿いの街家のラジオから大音量の「軍艦マーチ」の合間の大本営発表で、米・英相手の「大戦」の「開戦」を知って、僕なりに緊張したわけで、学校に着くと、「軍人学校」を志望する連中が興奮していて、東条首相に激励の電報を打ちたいから電文を考えろと言います。「自由と自治」の高校志望の僕には、彼らのような興奮は有りませんから、足が悪いので和服に袴の英語の先生が、英語の時間に沈痛な顔付きで「大変な戦争を始めた」と発言されるのを聞いた時は、先生が言われるのが本当でも、タイミングが悪いなと考えた瞬間に、軍人学校志望の連中が反撃することになり、教員室に押し掛けて抗議して、先生が、「申し訳なかった」と詫びを言われるという出来事もありました。

なお、「進学志望」を「予科練」に変更して入隊する友人も出現して、「止めろ」という言葉を口に出来ず、「武運を祈る」と言うしかないことに気付いた時に、この「戦争」は、僕らの年代をも「兵隊」に召される運命にある「戦争」で、「他人事」では済まなくなったわけです。「侵略」に死ぬことは「犬死」になるなと考えると、「聖戦」という「名分」が頼りですから、「開戦」から1年が経過した17年11月の或る日の「県庁所在地」の街角で、身内に「戦死者」が居ても不思議では無い農民風の老夫婦が、警防団員と愛国婦人会員に「非国民」と罵しられているのを見た時も、「時局柄」と考えて、それなりの「理由」があってのことだろうと通り過ぎたわけです。

然し、「非国民」という言葉の「非情」な響きが耳について離れず、総てを「国」に捧げている「自国民」への扱いが、これなら、「占領地」の「他国民」の扱いは「推して知るべし」となって、「聖戦」ではなく、「東南アジア」の「覇権」を野心する「侵略」ではとの疑念となったわけで、「侵略」なら勝てない戦争であると考えたわけです。だが、「為す術」を知らないまま「困った時の神頼み」で、高校受験に失敗して1浪中の「受験勉強」を中止して、「神社詣り」を始めたわけです。

尤も「神社詣」というのは「安易」に過ぎて、それだけで「神」に通ずる筈はなく、「神」に通ずる「祈り」となるためには、それなりの「捨身」が必要であると考えて頭に浮かんだのが、小学校3年生の時の「5・15事件」でした。昭和11年の「2・26事件」でなかったのは、後者を、陸軍内部の「権力争い」の「クーデター」と印象していたからで、「昭和維新」とは、「神」に通ずるヒタブルな「祈り」でなければならないと考えていたわけです。

なお、「高校受検」に失敗して１浪したことについては、記述式の「日本史の問題」の２問の内の１問が、「時局便乗的」な問題で、僕が憧れる「自由と自治」の高校には、ふさわしくないと手を付けなかったからであると、僕だけは納得していたことは、さておいて、「受験勉強」を中止してまで「昭和維新」に関心したわけですから、高校受験も断念して「昭和維新」に専心することにして、東京へ出発する用意を整えていたところ、５卒で高校に入学していた親友に感付かれて、彼の監視付きで高校を受験することになり、「昭和維新」に関心したことから、「国体」に関する問題に手を付けたところ、合格して入学したら、似たり寄ったりの頭ですから、「日本史」の１問が１浪の原因であったことを確認しました。

ところで、１８年に入学して、先輩の大川周明氏との所縁で大正１２年に発会した「日本主義」の「学内団体」に入会したところで、１０月に「文化系」の「学徒出陣」となりましたから、猶予が無くなったと心当たりを訪ねたわけですが、「戦争協力」が優先しているので、高校の「会」から出直すこととして、離京しました。

然し、いろいろ思案しても今更、僕の「昭和維新」が発見できる「情況」には無いので、「兵士」に召されたら、「吾１人は、聖戦を戦う」と思い定めたところで、皆が「兵隊」に行っても「山荘」のジーさん・バーさんが生活できるように募金することを発案しました。

一、終戦直後に「世界史の理論」の模索を思い立った話

ところで、「会」の創設時の先輩方と相談するために19年の5月に上京し、その所用が終わった日の夜、「どうしても会わしたい方がある」と言われる1人の先輩のお供をして、夜分遅くにお訪ねしたのが、東大の学生で「5・15事件」と同心の「事件」に参加して仮出獄されている方のところでした。僕の「昭和維新」への関心の「原点的事件」に参加して、1度は「捨身」を実行した方で、而も「薩摩」の先輩ですから、当に出会うべき方に漸く出会えたという思いで、深更までお話を承って辞去し、当日の三上卓氏の「皇風塾」開きにも出席して、帰熊したわけで、終生を師事することになる「大疑の師」との出会いでした。

なお、19年の8月の「夏休み」の「会の合宿」の指導をお願いして、鹿児島市の「敬天舎」での1週間の「合宿」となったわけですが、僕は、7月の末から長崎の「三菱造船所」に「工場動員」で出掛けていたので、土曜日の夜行で鹿児島を訪ねてご挨拶をしたことは、さておいて、10月の或る日曜日に来熊されるとの連絡があったと知らせてきたので、その日曜日に日帰りで帰熊した日の夜、先生が1泊される旅館での夕食が終わったところで、少々姿勢を改める形で淡々と、「戦争遂行能力」を喪失しているから、「終戦工作に入る」旨の話があって即座に、「最後の昭和維新」と合点すると同時に、「兵士」に召集される前に、「死に場所」を用意して頂いたようだと感謝したわけです。

長崎へ帰る時刻が迫ったところで扇子２本に揮毫されたので、長崎から同道していて、後に「水俣病を告発する会」の代表となる会友に、先に頂くようにと勧めたところ、彼が選んだ扇子には「正念」とあって、彼に「ふさわしいな」と感じましたが、僕が頂いた扇子には「大疑」とあって、当に僕のためにあるような「２字」であることに驚いて、終生の「指標」としていることは、さておいて、昭和２０年の２月末日の明日で「工場動員」が終わると、４月に大学へ移るまでの３月一杯が休みになることから、３月の出来るだけ早い機会にお手伝いに上京する予定で、東京に派遣していた下級生の報告を聞いているところに届いたのが、「３月２日入隊」の召集通知を知らせる電報でした。

急遽帰省して、「部落」の「壮行会」で「終戦の覚悟」を説いて挨拶とし、岩波文庫の「古事記」１冊だけを携帯して入隊したわけですが、何を携帯しようかと吟味したわけではなく、最も目に付くところに偶々あって、目に付いた瞬間に、軍服のポケットに入れて邪魔にならず、何回読み返しても飽きがこない本で、日本人としては死ぬ間際まで読める本であると考えて、ポケットに入れました。

中国で最初に入隊した部隊では、学徒兵たちが「幹部候補生」の受験用の操典類を内務班の「木箱」の横に積み上げる中で、岩波文庫の「古事記」１冊だけを並べる兵隊には、先に述べたように「古兵」たちが驚いたようですが、僕の方は、「入隊」する時に「幹部候補生」のことなどは全く頭になかったことに苦笑しました。

ところで、「終戦」を迎えるまでは、兎も角、「終戦」を迎えての慌ただしい日の中で読む暇は無く、「終戦」から1月が経過して「農耕隊」に転属し、「図書室」兼務の居室に腰を下ろすと同時に、殆ど無意識的に「古事記」を手にした瞬間に、「敗戦」を機会に、「戦争」を支持してきた「独善的」な「国史観」は卒業して、「日本列島」の「人類史」を「日本史」とする必要があると発想して気付いたことは、思い付きではなく、中学時代に初めて「古事記」を読んだ時からの「持論」であるということでした。

中学時代の「日本史」で、奈良時代に「日本」の「建国史」である「古事記」と「日本書紀」が「勅命」で編纂されたと聞いて、読んでみようかと「図書館」に行って見比べたところ、「体裁」からして「日本書紀」には、中国の「史書」を意識したような印象を受けて、そのための作為が多いようにも感じたことと、「古事記」の方は、「出だし」からして「天地の始発の時に成りませる神の名は」とあって、「天地創造」の「神話」ではなく、如何にも「人間記的」な話になっていることから、「古事記」を読むことにしました。

「神話」らしい話になっているところは「神話」として読み流すと、「長江流域」から「水稲耕作」を伝来した人々が、「東支那海」を渡ってくる「渡来記」ですから、水平線で「天」と連なっていることから、遠くなった故郷を「高天原」とした話と読んだことから、「神話」と「天」との関係を理解したように感じました。

尤も、「農村」に育って、「水稲耕作」が手数の要る作業で、而も安定した生活を実現すると実感していることから、その「農民」が何故に故郷を離れたかが、最も気になる点で、そこで目に付いたのが、「東周」の「戦国の争乱」が長江流域に及んで、楚・呉・越も出現していることから推論したのは、「ベトナム戦争」時のような「ボート・ピープル」でした。僕の中学は、「神代」の「山稜」の「邇邇芸命」の「可愛山稜」の下にあって、近くを流れる川内川の河口の「唐浜」にでも上陸しての「墓所」かもと、身近に感じている「神話」です。

特に小学1年生の時の教室に、弓の先に鳥が止まった「掛け図」が1年中掛かっていたのを記憶していたので、「神武東征記」については、日向から大和への「新天地」を求めての「開拓民的移住」で、先住民の一時的な抵抗はあったようだが、結局は、移住しただけでなく、「渡来系」の移住者たちが、「水稲耕作」を伝授すると同時に、大和の「氏族共同体国家」の形成をも主導して、「神武天皇」が「初代の首長」に即位された物語と読んで、「渡来民」と「縄文人」が融和して、「日本民族」を形成した物語と読んだわけです。

「昔」のことは、後々の「歴史」に痕跡を残しているわけで、「神武東征」を、文字通りの「東征」と考えると、「日本民族」は、「長江流域」からの「渡来民」の子孫となって、漢字の中に「呉音」があるという次元のことではなくなる筈ですが、飽くまで「縄文人」と「渡来民」の融合と読んでいるわけです。

1、「中国」に抑留中に「世界史の理論」の模索を発想した話

僕は、中学時代に初めて「古事記」を読んで、先にも述べたように、「水稲耕作」を伝来した「渡来民」たちの渡来に係る「人間記」を読むと同時に、「神武東征」を「渡来人」と「縄文人」が融合して「日本民族」の祖先となった物語と読まないと、「日本民族」に係る「日本列島」の「人類史」にならないと読んで、「持論」としたわけです。だが、僕が学んだ「戦前」の中学の「日本史」は、「国史」でしたから、「古事記」と「日本書紀」を「建国神話」と読んで、「日本史」を「国史」として考察するのが常識であったことと、「昭和維新」に関心して国学派や浪漫派に親近したことから、その「古事記論」を尊重して、「持論」は封印してきました。

然し、中国に従軍中に「敗戦」を迎えて、「終戦直後」を中国に抑留されることに成り、「農耕隊」に転属した日の夜に、「戦後」では初めて「古事記」を手にした瞬間に、「敗戦」を機会に「戦時中」の独善的な「日本史論」を卒業し、「日本列島」の「人類史」を「日本史」とすることを発想して、その発想が思い付きではなく、「中学時代」に初めて「古事記」を読んだ時からの「持論」であることをも、思い出したわけです。

そう考えて気付いたことは、20年の3月2日に入隊する時には、先生の「終戦工作」を「最後の昭和維新」と合点していて、お手伝いに上京する予定でいたところでの召集で、「部

落」での「壮行会」では、「敗戦の覚悟」を説いて挨拶としたことから、「古事記」1冊だけを携帯したことには、無意識の内にも「終戦」を予感しての選択では無かったかとの推論になると同時に、18年の12月の「昭和維新」に係る「発想」の違いに気付いて離京した際に、「持論」の封印をも解除していたのではとの推論にもなります。

然し、それらのことは、飽くまで「無意識」のことに係る推測で、「現象的」にも明確な時点からの話をすると、「終戦」の「玉音放送」を雲城の「旅団司令部」の営庭で拝聴した際に、「日本民族の首長」に回帰されての「御聖断」で、この形の「終戦」しか無かったと感銘したことが「伏線」となって、約1月後の「農耕隊」で戦後初めて「古事記」を手にした瞬間に、両々相俟っての発想になったと、推測するのが、自然でしょう。

そのことは、さておいて、僕は、「戦前」の大正13年1月に生まれ、昭和5年に「小学校」に入学して旧制高校を卒業するまでを、「明治憲法体制」の「学制」での「国民教育」を受けてきたことになりますから、「日本国民」という意識は、小学校で学んだということになるわけです。その「日本」が、「民族」とか「民族共同体」とかの名称であることを、何時、何処で、誰に教わったかの記憶はなく、「日本史」の時間に、「奈良時代」の「民族国家」を「日本」と称することにしたと、習ったような気がすることは、さておいて、「日本」を、「民族共同体国家」の名称とし、「日本国民」を、「日本国」に帰属するという意味で使い、

「日本人」を、「民族共同体」に帰属するという意味で使うことにしています。

なお、「昭和維新」に関心していた「時点」での話をすると、20世紀の「日本」は、「日本」という「民族共同体国家」で、「民族共同体」というのが、「原初」の「人類のムレ」に由来する「実態」で、「日本国」というのは、その「日本」の「政治組織体」という1面で、「実態」である「民族共同体」のための「権力統治」を担当している「組織」が、「国家」であると考えていました。

従って、「昭和維新」とは、「日本」という「民族共同体」の立場から、「日本国」の「政治権力」を担当している「政権」に、「政治」の「在り方」に対しての「反省」を求める立場で、そのことを「拒否」する「政権」に対しては、「退陣」を求める立場で、「政権」と「権力争い」をする「クーデター」の志向でないと考えていました。又、20世紀の「日本」という「民族共同体」は、「日本列島」における「人類史」の20世紀の「歴史的生態」で、「終戦」に係る「昭和天皇」の「御聖断」は、「明治憲法」の「天皇」としての「御決断」ではなく、「日本民族の首長」という立場に回帰されての「御聖断」であると拝察しながら、「玉音放送」を拝聴したことが「伏線」となって、「日本列島」の「人類史」を、「日本史」とするとの発想となりました。

然し、それは、「日本列島」の「人類史」に即した発想であっても、「日本列島」の「人類史」に先行している「人類史」と、断絶している場合には、「人類史」に即した発想とはならない論理で、そのことに気付く「契機」となったのが、「日本列島」の「人類史」という発想で、「地球規模」の「人類史」を「世界史」とし、「日本史」を、その1つの「分流」であると認識しての、「世界史」と「日本史」に係る「世界史の理論」を模索するのでなければ、何も解明することにはならないと気付いたわけです。

ところで、「農耕隊」の1室で、戦後では初めて「古事記」を手にして、「終戦」の「玉音放送」の拝聴した時のことで思い出したのは、「日本民族の首長」という立場に回帰されての「御決断」で、「日本民族」を、「1億玉砕の淵」から救出された「御聖断」と拝聴しながら、「民族」の「首長」である「天皇」と雖も「日本民族」を滅ぼす資格はないことを、身を以って宣明されたと印象したことでした。

「日本民族」が形成されてきた「日本列島」の「人類史」である「日本史」に回帰することを、お示しになったと推察して気付いたのは、「日本」の「国史」を「万邦無比」とする「日本史」は、「列島」以前と断絶しているだけでなく、「縄文時代」とも断絶していることから、「地球規模」の「人類史」である「世界史」を観念し、「日本列島」の「人類史」を、1つの分流とする「日本史」を観念して、「全体と部分」の関係の「世界史の理論」の模索に努めるべきことの問題提起であるとも、考えたわけです。

2、「市井」に渡世する「庶民」として「世界史の理論」を模索することにした話

農耕隊の1室で、そのことに気付いて、「世界史の理論」の模索を発想していた頃の或る日のこと、街から「農耕隊」へ帰る道を歩いていたところに農民風の中国人が声を掛けてきて、「日本の兵隊さん、戦争に勝敗は付き物だから、1度の敗戦にクヨクヨすること無いよ」というのを聞いて、中国5千年の歴史を生きてきた逞しさを感ずると同時に、僕が模索しようとしている「世界史の理論」は、「中国史」をも、1つの分流とする「人類史」であることにも、気付いたわけです。

ところで、「終戦」の「玉音放送」を、雲城で拝聴した旬日後に、省都の太源近くの楡次まで撤退してところで、閻釈山の「傭兵」として駐留されることになったと知った際、復員するまでのことだろうと考えながらも「農耕隊」の新設を建言したのは、復員して「開拓塾」を開設する場合に備えて、鳥取高農生の戦友に「農事」の手順を学んでおこうとしたものでしたが、21年の5月末日に復員して、「開拓塾」は必要なしと見ると、「戦時中」で疎かに過ぎた「学業」のことが気になって、「戦後」を「大学」への復学から始めることにしたわけです。

尤も、僕の場合は、「ドイツ語」が第1外語の「文科乙類」でも、「昭和維新」に関心して「先生」の話の「終戦工作」を「最後の昭和維新」と合点して、「捨身」を覚悟しているところですから、その「覚悟」を形にしておこうと、「農学部」の「農業経済学科」に進学してい

ました。「先生」も親近された「自治民範」の権藤成卿氏のことを念頭に置いた選択でしたが、中国の戦場で生きて「終戦」を迎えた瞬間に「昭和維新」への関心は解消し、「世界史の理論」の模索に関心して復員したという、僕の方の「変化」もあって、「戦後」を如何に生きるかを定めないと、「大学」で何を同様に学ぶかも決まらないことになっていました。

取り敢えず、「農業経済学科」に在籍して、「世界史の理論」を模索することは可能かを考えるために、９月の第１時限の「講義」を聴講したところ、「林業概論」という講義で、「住宅復興」のこととか「自然環境」のことを考えると、それなりに興味を持てる「テーマ」でした。だが、僕自身は「林業家」になることの関心はなく、改めて「時間割表」を見ると、「農園実習」などもあって、「農業」を専門にする予定はないことから、生活の間口を広げた方が良いと考え、退学しました。

受験勉強をして、２２年の3月に「法学部」へ入学したところで、改めて２３年3月までを思案することになり、「勤労者」の「庶民」として「世界史の理論」を模索することが、最も「安定的」に「自由」に模索できる「在り方」であると結論して、4月から通学することにしたわけですが、２１年の5月末日に復員してからのことに話を戻すと、２１年の5月３１日の明るい内に我が家に帰り着くと、駅員が役場に電話していて、「1年振り」の春休みで帰省でもしたような雰囲気のところで、育ての親の祖母が、大事にしていた1通の「封書」を渡します。読んだところ、高校の「会」で1年上と同級の連名で、「先輩流血の地で、切磋琢磨しているから、復員したら早急に上洛されたし」とありましたから、彼らと会うことを優先して、6月3日に途中下車して高校の後輩たちの元気な顔を見ての4日に、2人の京都の下宿に転がり込んで健在を祝したわけです。翌朝になると2人が、「DDT散布」のアルバイトに出掛けるので、僕も付き合うことにしたら、1日の仕事が終わると、本屋に回って「精神分析」の本を買うのを見て、「精神分析学」の勉強を始めているのが解りました。

下宿に帰り着いて、ゆっくり話を聞くことにしたところ、1年上は海軍の「予備学生」で同級の方は陸軍の「特別幹部候補生」で、内地にいて「終戦」となったことから、直ちに「経済学部」に復学したところで、「マルクス主義」が流行思想になることを察知し、大学の「社会主義研究会」をも発起したようですが、「予備学生」の方の中学の同級生で「東京工大」に進学した友達が、宮城教授の講義に心酔して「フロイド」の勉強を始めていて、「右翼の精神分析をやろう」となり、「右翼」は、「地位」も「金」も「命」も要らないと言うが、実は普通の人間よりも、「執着している者が多い」となりました。納得した点が少なくないだけでなく、「人間の心理」に関することだから、こちらの勉強が大事と判断したという話でした。

高校に入って、「会」の勧誘の「檄文」を読んで入会した2人ですから、「マルクス主義」を学ぶ必要を予感したことも、「右翼」の「精神分析」に納得したこともよく理解できます。と云うのは、1年上といっても、僕の方が年齢的にも上ですが、更に僕の場合は、高校に入る前から「昭和維新」に関心していました。当時の「昭和維新」関係の「論説」は、「反共論説」が殆どで、僕の場合は、それを読んで、「マルクス主義」とはこういう「イデオロギー」らしいと、大凡の見当がついていたことと、中国共産党を「当面の敵」としたことで、「日本共産党」の活動などは観念論としか見えない実情にあることと、僕は性的にも早熟で、小学生時代から「性的事件」をも知っていたことに加えて、「昭和維新」に「捨身」する工夫としての「座禅」の「数息観」をやっていて、無意識的に描いていた妄想が浮かんでくることも体験していました。だから、「フロイド」は聞くだけで見当が付く学問で、「無意識」を研究する「精神分析」が重要な学問であることも納得できることから、４・５日滞在する予定が、月末まで滞在することになりました。

なお、一応「農学部」に復学するために8月末に上洛する予定で帰省したわけですが、7月に「予備学生」が「超チブス」で死亡し、8月末に上洛した時は、同級生の方は「東大」の「心理学科」に転学する受験勉強を始めていました。僕も9月初めの「1時限」だけの「講座」に出席して、「法学部」に転学し、２３年3月までを、「禅塾」などで思案する中で、「市井」に渡世する「日本人」の「庶民」として「世界史の理論」を模索すると思い定めて、4月から通学を始めた１０月に「学問の師」にも出会ったわけです。

二、「世界史の理論」を模索する中で「共同体の道理」を認識する話

これまで述べたような「契機」と「経緯」で、中国・山西省に従軍して、「雲城」の「旅団司令部」の「衛兵隊」の隊員で8月15日を迎え、「終戦」の「玉音放送」を拝聴した旬日後に、省都の太源近くにまで撤収したところで、「傭兵」として抑留されることになり、新設の「農耕隊」に転属した日の夜、「古事記」を手にしたところで、「玉音放送」を、「日本民族」を「1億玉砕の淵」から救出された「御聖断」と拝聴しながら、「天皇」と雖も、「日本民族」の滅亡を決断する資格はないことをお示しになったと感銘したことを思い出しました。「戦争」を支持したことまでは、まだしも、「1億玉砕論」を説いた人々の思い上がりを、空しく感じたことから、御聖断で救出された「日本民族」の「在り方」は、そのような「ナショナリズム」の「国史観」ではなく、「世界史の理論」に探るのが良いと考えたことから、「世界史の理論」を模索することを発想しました。

なお、「終戦」の「玉音放送」を、「日本民族の首長」に回帰されての「御聖断」と拝聴したのは、「昭和維新」に関心して更に、先生の「終戦工作」を、「最後の昭和維新」と合点していたことから、その「終戦工作」とは、「天皇」に「御聖断」を請願することであったと納得したからに他なりません。だから、「日本民族」を「1億玉砕の淵」から救出された「御決断」と拝聴すると同時に、「日本民族」の「首長」に回帰されての「御聖断」で、「天皇」と

雖も、「民族共同体」を滅亡させる資格はないことをお示しになった「御決断」と拝聴して、「日本民族」を形成した「日本列島」の「人類史」を、「日本史」とする必要があると考えていたことを思い出した瞬間に、「日本列島」の「人類史」を、「日本史」とするなら、「地球規模」の「人類史」を、「世界史」として、その「世界史」の中での「日本史」を考えるのが、正しい「日本史」を考えることになると合点したわけです。

という次第で、「日本」と云う「民族共同体」の「人類史」に即した新しい「日本史」を探るために、「世界史の理論」を模索することにしたもので、中学に入学して、「歴史の教科」に「世界史」が無いことを、「歴史的世界」は未だ「地球規模」に達していないからであると、理解していたことと、関係ありません。「日本列島」の「人類史」を考えることができるなら、「地球規模」の「人類史」を、「世界史」とする「考え方」も成り立つ論理であるとして、その「世界史」と「日本史」に係る「世界史の理論」を、模索することにしたわけです。その「考え方」は成り立たないと解れば、その「時点」で、他の「方法」を考えればよいとしているところで、高校教師時代の52年に、「動物のムレ」の研究から「人間の社会」の考察に及ぼうとされている「今西学」に出会いました。

従って、「人類」が、「ムレをなす動物」の1類であることと、「文化的機能」の大脳を具備する唯一の「文化的動物」であることとを、前提とする「人類史」を考えれば、「人類史」

に即した「客観的」な「世界史の理論」を模索できると考えていたので、61年に「庶民」としての「模索」に着手した際は、躊躇することなく20世紀の「日本人」と「日本猿」を念頭に、「日本列島」の「人類史」の1万2千年を遡ることにしたわけです。

なお、「地球規模」の「人類史」を「世界史」とし、「日本列島」の「人類史」を、分流の「日本史」として、「世界史」と「日本史」の「全体と部分」の関係に係る「世界史の理論」を模索したいと考えたのは、「世界史の理論」とすることで、独善的な「世界史観」とか、「日本史観」に陥る危険を避けたものです。その「模索」に着手した際に、「日本列島」の「人類史」を遡ることにしたのは、何よりも先ず、僕が「日本人」で「日本民族」が「原初」の「人類のムレ」に淵源することの「手掛かり」を得たいと考えてのことでしたが、「日本列島」の「人類史」の1万2千年を遡れば、少なくとも、「ムレからムラへ」の変容は、認識できると承知していました。

ところで、その「ムレからムラへ」の変容を認識したことを「契機」に、「文化」の蓄積による「弁証法的転化」とか、「ムレの摂理」の「文化的生態」に係る「共同体の道理」への変容などを考えて最後に、「旧石器人」を「ムレ」をなす「人類」の「旧人」とし、「縄文人」を20世紀の「日本人」の先祖の「現人」として、「世界史年表」を見ながら、「旧人」までの「人類史」の3・4百万年の「ムラの段階」から、「現人」の「人類史」の「ムラの段階」

への1万2千年前の移行を推論して、「世界史」と「日本史」の「神妙な関係」を認識することになりました。

従って、爾後の「段階」も、「日本史」を「手引き」に出来るのではと考えて、「弥生時代」から「江戸時代」までの「地域世界史の段階」と「世界史の段階」をも認識したことから、本書で披露しているように、「世界史」の「人類史」の「4つの段階」を認識することで、「世界史の理論」の「骨格」を認識したと考えました。80年の「時点」では、すくなくとも「世界史の理論」の「尻尾」を掴まえたとして、模索の「第1段階」を終えたような気分になり、2015年の8月に、本書の第5話の考察の中で、「歴史の常識」を覆すような発見をする中で、その第5話の最終に記述したように、「本体」を掴まえた気分での問題提起をも行ったところです。

なお、「現人」の「人類史」である「ムラの段階」と「地域世界史の段階」と「世界史の段階」とは、「人類」の「文化的生態」である「共同体」の「文化史」となっているわけですが、「生活の知恵」である「文化」は、「共同体」が存在する「自然環境」を反映するものとなっていますから、「地域」毎に様々に異なる「地域世界史」が、5千年以上も続いたことから、21世紀を迎えた「国際社会」は、「国連」の加盟国を見れば解るように、様々な「文化的格差」の「共同体国家」となっているのも、「世界史的現象」の現実となっています。

1、「世界史の理論」を模索する中で、「ムレの摂理」の変容を認識した話

「戦後」に「世界史の理論」の模索を思い立った「契機」が、「戦争」に負けた「日本」という「民族共同体」の命運への関心であったことと、小学校の3年生の頃、「物知り」の上級生に「人間」は「猿」から「枝分かれ」した動物で、「縞馬」などと同じく「ムレを成す動物」と教わって「確」と覚えていたことと、中学時代に初めて「古事記」を読んで、先住の「縄文人」と「渡来人」が融合して「日本人」の先祖になったと考えていたことから、「戦後」には、「縄文時代」という文字が目に付いた本を読んでいました。

更に、高校教師をしていた51年に「歴史の教科」が「世界史」と「日本史」になったのが「契機」で、52年から「マルクス主義」をも勝手読みして「弁証法の論理」などを学んでいました。又、偶々52年に「高崎山のサル」という本に出会って、「今西学」の勝手読みをも始めて、小学校自分に「物知り」の上級生に教わったことを裏付けることになりました。更に、「世界史の理論」の模索に着手した60年代に入ると「テレビ時代」になって、以前なら「専門の研究者」が現地に出掛けて研究されていたような、「野生動物の生態」や地球上の様々な「社会生活」を映し出すようになって、「世界史の理論」を「庶民」として模索する者にとっては、願ってもない展開となりました。

従って、６１年に「世界史の理論」の模索に着手することにして、「日本列島」の「人類史」の１万２千年を遡ることにした際は、そうすれば、「ムレからムラへ」の変容を認識して、「ムレ」から「共同体」への変容を、認識できると考えていたので、逆に「共同体」は、「文化的動物」としての「人類」だけが現出する「歴史文化的」な「態様」であることをも認識しました。同時に、「摂理」に対応する「道理」という言葉を観念して、「ムレ」に係る「態様の摂理」の、「共同体」に係る「態様の道理」への変容を観念したことから、「共同体」の「時代の態様」が、いわゆる「社会体制」であることにも気付きました。

同時に、「時代の衣装」で「時代の秩序」である「社会体制」が、「固定化」する傾向にあって、「社会生活」に係る「実態」の「生態」が、不断に「流動的」であることの矛盾から、いろいろな「社会問題」が派生し、その「社会問題」への「対症療法的」な処置を講ずるのが、「時勢」の「改革」で、その「改革」では対応できないまでに、「矛盾」が増大して「社会問題」が激化した時に、「弁証法」による「抜本的対応」としての「社会体制の変革」(「時代の変革」)になるとの、「歴史の論理」を認識するに至ったわけです。

なお、「日本列島」に「旧石器」の遺跡を残している「人類」を、「旧人」として日本猿の側に押し遣り、「旧人」までの「人類史」の「ムレの段階」の、「現人」の「人類史」の「ムラの段階」への移行を１万２千年前と認識して、「世界史」と「日本史」との「神妙な関係」

に気付いたことから、繰り返し述べてきたように、爾後の「世界史」についても、「日本史」が手掛かりになるのではと考えて、現に「世界史の理論」の「骨格」を成す「人類史」の、「地域世界史の段階」と「世界史の段階」をも認識したわけです。

更に「日本史」の「地域世界史の段階」は、「縄文時代」の次の「弥生時代」に始まっていることから、「縄文のムラ」を統合すれば、「最初」で「最小」の「共同体国家」が出現すると推測して、「ムラからクニへ」の変容を推論し、「共同体国家」を指す言葉を小さい方から並べて、「氏族」―「部族」―「民族」という「系譜的拡大」になるのを見た瞬間に、「弥生時代」から「奈良時代に至る歴史となっていることを合点しました。同時に、「奈良」―「平安」―「鎌倉」―「室町」―「江戸」という、「小から大へ」と「簡明から複雑へ」の「歴史的論理」の「共同体」を積み上げて、「共同体の道理」を伝承する「モデル的」な「人類史」を綴っていることを認識したわけで、その上で、「世界史年表」を見たところ、「地域」毎に、様々に異なる「地域世界」となっていることから、「地域世界史の段階」として、ここでも「日本史」が、「モデル的」で、「世界史」と「日本史」との「神妙な関係」を印象したわけです。

なお、「動物のムレ」の研究から「人間の社会」の考察に及ぼうとされている「今西学」では、「個体認識」という手法を開発しての世界で初めての「日本猿の研究」が、「高崎山」の

「野生の猿」を対象に50年から行われていて、その観察に従事していた京大生の初めての著書の「高崎山のサル」という本に、52年に出会い、「今西学」をも勝手読みしたわけですが、今西博士は、動物学の立場で、その著明な「棲み分けの理論」を、「地球上」における「生物」の「種」の「棲み分け」とされているようですが、これまで披露して来たような問題意識で、「世界史の理論」を模索しようとしている僕は、「今西学」に学んだ「縄張り」や「棲み分け」の概念を僕流に敷衍していることをお断りした上で、模索してきた「世界史の理論」に係る「共同体の道理」を披露することにします。

「ムレ関係」の論理

今西博士が、「何故にムレを成すか」まで考えておられるらしいと知って、動物学者なら、当然に考察すべき「テーマ」であろうと考えながら、「庶民」として「人文的」な「人類史」を考える僕にとっては、「人類」が「ムレを成す動物」の一類であることが重要で、「ムレ」を成す理由は「生物」にとっての「至上命題」である「躯体」の「養生」と「防衛」を維持するためとするだけで、十分であると見ています。なお、「テレビ」で、「野生動物の生態」を見る機会が増えて、ライオンに襲われた「縞馬のムレ」が、1頭が犠牲になっている間に他が一目散に逃走して、次の日は同じ「ムレ」として出現するのを見て、「闘争本能」よりも「逃走本能」を合点し、「縄張り」を「同類」の「棲み分け」で、「ムレ関係」とは生命の「1即多・多即1」の「大家族的関係」の「集合」であると推論しています。

2、「世界史の理論」における「4つの段階」と「共同体の態様」に係る話

「日本」という「民族共同体国家」の「存在」に係る「世界史の理論」の模索を思い立って復員し、「市井」に渡世する「勤労者」の「日本人」の「庶民」という、最も「自由」な立場での模索を思い定めたのも、飽くまで「世界史」に即した「客観的」な「理論」でないと信用できないと考えたものです。裏返すと、例えば「戦時中」には、様々な「日本史観」が喧伝されていましたが、総てが否定された形の「敗戦」となったように、「独善的」な「歴史観」は空しいものであることを見せ付けられると、「世界史」は、誰に阿諛することもなく、「世界史の理論」に従って展開しているだけであることが、見えてきました。

尤も、「世界史」という「人類史」は、「地球規模」の「人類史」で、「人類史」というのは、「人類」の営みで、「人類」は、唯一の「文化的動物」です。ところで、「世界史年表」で見ると、「ムレの段階」の「人類史」は、「旧人」までの「人類史」の、3・4百万年の間、「ムレの段階」にあったようで、と云うことは、「文化的活動」は、「身体的劣弱」を補う「道具」の製作程度で、「文化的動物」ではなく、専ら「自然的生態」の「ムレをなす動物」であったと云うことになります。逆に、「文化」によって変容した「現人」の「ムラの段階」は、「文化的生態」とあって、「文化」による変容の効果は目に見えるものですから、「文化的活動」が、活発になっている筈ですが、「自然経済」であることには、変わりないこ

とから、「ムラ」の「規模と構成」は、「ムレ」と同じで、それ以外の絶対的制約となっているのは、「居住地」に係る「自然地理的環境」だけですから、そのために、「ムラの段階」から、その「自然環境」を反映することで、特有の「文化的特性」が形成されることになります。例えば「現在」の「国連」を構成する様々な「格差」の「国家」は、「ムラの段階」から「地域世界史の段階」までの「世界史的環境」の所産に他なりません。

そのことに係る「世界史の理論」の考察は、後述することにして、「ムレの段階」から変容した「共同体」に係る「基本的認識」の一端を披露することにします。

「共同体」の概念

「人類のムレ」も、「ムレ」という点では、「個体」の「ムレ関係」の「集合」で、その「ムレ」が変容した「共同体」とは、「成員」の「共同体関係」の「集合」となります。なお、他の「動物のムレ」は、「自然界」の「ムレの摂理」に規制されていますから、或る程度の「自然環境」の変化には、「対応」できる能力を保有している論理でも、「対応能力」を越える変化には、対応できずに「死滅」するということになります。「人類」は、唯一の「文化的動物」ですから、その「態様」を「文化」として変容する「歴史」となっていて、その変容に係る「歴史の論理」としては、「小から大へ」と、「簡明から複雑へ」という変化があります。又、「統合と分化は並進する」と云う論理もあるようです。

その「変化」に係る「世界史の理論」としては、「旧人」までの「ムレの段階」と、「現人の「人類史」の「ムラの段階」と、「現人」の「人類史」の「ムラからクニ」への変容を実現した「氏族共同体国家」に始まる「地域世界史の段階」と、「西欧の近代」の「世界進出」で「地球規模」に統合された19世紀以降の「世界史の段階」との、「4段階」を認識しています。

「縄張り」の理論　「縄張り」というと「棲み分け」の知恵と理解されますが、「動物」にあっては、「棲み分け」を協議して合意したという「事実」はありませんから、「縄張り」を設定して、その中で「自給自足」するのは、「本能」に属する「摂理」で、従って、「共同体」の「縄張り」も、「自給自足」する「領域」であると推論すべき論理となるようですが、先に述べたような意味での、縞馬の「縄張り」とライオンの「縄張り」の重複関係をみると、「縄張り」は、同類の「動物」の間に成立するもので、同時に同類の動物の間では、「棲み分け」が「摂理」で、「共同体」の「縄張り」を侵攻するのは、動物に劣る行為となるようです。

「共同体関係」の論理　「共同体関係」は、「ムレ関係」と同じく、「生命」における「多即1・1即多」の「家族関係の論理」であることは、さておいて、「ムレの段階」と「ムラの段階」における「ムレ」と「ムラ」は、同じ「自然物採集」で「自給自足」する「自然経済」であることと、「規模」も「100人」足らずの日常生活を共同する規模の「大家族的関係」であることから、特に「共同体関係」を意識することもないとの推測になります。だが、「地域世界史の段階」になると、「農業」という「栽培経済」に移行しているだけで無く、例えば「氏族」—「部族」—「民族」という、「目に見えない規模」に大きくなるとか、「支配階級」が出現するとか、「社会的分業化」と「私有財産制」から「私」の意識が芽生えるとか、「共同体」であることには変わりはないのに、「共同体」を解体したような「事態」を生じますから、「共同体」の論理を忘れないことの工夫が必要であることも、「共同体の論理」を念頭に置くと理解し易くなる筈です。

なお、その点では、ユーラシア大陸の東端に位置する「日本列島」の「人類史」が、「共同体の道理」を伝承する「モデル的」な「地域世界史の段階」となっているのに対して、対極的な「地域世界史」となっているのが、ユーラシア大陸の西端の「西欧世界」で、5世紀のフランクの「開拓移民的」な移住の歴史となっていることから「個人主義」の「契約共同体」の「人類史」となっていて、「共同体」を「個人主義」の「極相」にまで解体した「相」を示しています。だが、逆に「民主主義」とか「人権思想」は、「共同体の道理」への回帰の重要性を問題提起しているとも読み取れる「人類史」となっています。

「同類、相食マズ」の「摂理」　「動物」の世界を見ると、「勝敗」を決めるのが目的で、負けた方が退散して、終わりとなっています。

第4話　「世界史」の話

第1話で述べたような「契機」と「経緯」で、「地球規模」の「人類史」を「世界史」とし、「日本列島」の「人類史」を、その分流の「日本史」として、「世界史」と「日本史」の「全体と部分」に係る「世界史の理論」を、「市井」に渡世する「勤労者」の「庶民」として模索すると思い定めていたので、60年の「安保騒動」を機会に50年代の10年を勤めた「高校教師」を辞職し、「会社勤め」に転職して上京した61年に、その模索に着手したわけです。その際、僕が帰属する「日本」という20世紀の「民族国家」が、「原初」の「人類のムレ」に淵源する「手掛かり」を得たいと考えて、「日本列島」の「人類史」の1万2千年を遡って早々に、「現在」の「日本人」の先祖である「縄文人」が、「集落」（ムラ）を造成して、「世界で最古」の「土器」を「生活用具」として使用している「文化的生態」にあるのに対して、「旧石器」の遺跡を残している「明石原人」などが、「ムレを成す」という「自然的生態」にあったと推測したことから、「日本猿」の側の「旧人」として、「ムレからムラへ」の「文化」による変容を推論しました。

その後、「世界史年表」を見たところ、「旧人」までの「人類史」が、3・4百万年で、「ムラ」の「縄文時代」が、9千5百年ぐらいとなっているのに対して、「時代」というのは、安定した江戸時代でも270年ですから、「時代」とは異なる認識が必要であると考えて、「段階」という「概念」を認識することにして、「旧人」までの「人類史」の「ムレの段階」から、「現人」の「人類史」の「ムレの段階」への移行と認識すると同時に、関連しての「ムレ」に係る「態様の摂理」の、「共同体」に係る「態様の道理」への変容を推論したわけです。更に、「動物のムレ」を観察すると、「ムレの摂理」は、「ムレを成すこと」の「基本の摂理」と、「固有の態様を成すこと」の「態様の摂理」との、「2重構造」となっていて、その「態様の摂理」が、「態様の道理」に変容したと推論しました。又、「自然的生態」から「文化的生態」への変容は、「態様」の変容であることから、その「文化的変容」を表す言葉として、「共同体」と「道理」という「概念」を観念することにしたわけです。

その「ムレの段階」から「ムレの段階」へ推移した「時期」が、「日本列島」が現出した「1万2千年前」との推論となることから、「世界史」と「日本史」との「神妙な関係」を印象し、爾後の「段階」の認識にも「日本史」が「手掛かり」になるかもと考えて、「縄文のムラ」を統合した「弥生時代」を見て気付いたのは、「家族関係のムラ」を統合した「共同体」らしく、「共通の祖先神」を「統合の柱」とする「氏族共同体」となっている1方で、9千5百年も「別個のムラ」を成していた「ムラ」を統合する必要から、「権力統治」という「政治組織体」の「国家」という仕組みが工夫され、「ムラからクニへ」の変容が行われていて、「氏族共同体国家」となっていることでした。

同時に、爾後は、「共同体」の「統合化」による「拡大の利益」を追求する形の「人類史」となり、「共同体の態様」の「小から大へ」と「簡明から複雑へ」の「歴史の論理」による進展が、「日本史」では「江戸時代」まで続いています。その「江戸時代」の次の「時代」となると、「明治維新」によって「近代的国家体制」に変更しているだけでなく、「縄文時代」から「弥生時代」への変容の「契機」が、第1次の「産業革命」の「自然経済」から「農業」という「栽培経済」への移行で、「江戸時代」までは、「農業」が「基本産業」であるのに対して、「明治維新」で実現した「近代」は、第2次の「産業革命」の「工業時代」への移行となっています。

という次第で、「地域世界史の段階」から「世界史の段階」への移行を認識したわけですが、前者は、「地域」毎に異なる「地域世界史」が進行していて、「世界史の段階」へ移行する直前の「地球上」には、11余りの「地域世界」が併存する形になっていることからの名辞で、「地域世界史の段階」と認識し、後者は、「西欧の近代」の19世紀の「世界進出」を契機に、「地球規模」の「地域世界」の統合されていることからの名辞に他ありません。

なお、「ムレからムラへ」の変容に関連しての、「ムレ」に係る「態様の摂理」の「共同体」に係る「態様の道理」への変容を推論した際に、「共同体の態様」を「社会体制」とし、その「文化」としての「歴史の論理」（「弁証法」）による変容を推測することにしました。

その「社会体制」は、「共同体」の「時代の衣装」としての「社会秩序」で、「秩序」としての「社会体制」は、「固定化」する傾向があるのに対して、「社会体制」の「実態」である「生態」は、「生活の工夫」によって不断に「流動的」であることから、その間の「矛盾」（隙間）に派生するのが、「社会問題」で、その「解消」に係る「対症療法的」な対応を「時勢」の、「改革」とし、「改革」では対応できないまでに「矛盾」が増大して「社会問題」が激化した時の「抜本的対策」を、「社会体制」を新調する「時代の変革」と認識しました。

ところで、「変革」を必要とするまでに至ったことは、「社会体制」が「共同体の態様」から乖離したことで、「社会体制」の「文化的変容」を許容する「態様の道理」の責任ですから、「変革」は、「基本の道理」の出番となっている論理であることは、さておいて、「世界史の理論」を模索する中で、「人類史」に係る変化には、「段階」と「時代」と「時勢」の３層があることにも気付いたわけですが、「日常生活」に直接的に関与するのが、「時勢」で、「日本史」の「近代」における「時勢」は、「15年幅」で、「時代」の単位は、「100年」であるのに対して、「段階」となると、「時間の単位」は「1000年」となりますから、「段階」を認識する「世界史の理論」は、世迷事に見えて不思議はありません。

然し、「時代」の「端境期」には、「時代」を認識する必要があるように、21世紀を、「世界史」の「段階」の「端境期」であることを説くのが、第4話と第5話となっていますから、21世紀の「人類」は、「世界史の理論」の意識化を求められている論理となっています。

一、「世界史の理論」で認識した「ムレの段階」と「ムラの段階」に係る話

先の「大戦」の「世界史的意義」は、「世界」の「植民地支配」の「再分割」を廻っての、「連合国」と「枢軸国」の「相対的」な「帝国主義戦争」で、日米間の「戦争」の舞台としては、「太平洋戦争」でしたが、日本は、「大東亜戦争」を、欧米の「植民地支配」から「アジア」を解放する「聖戦」としたことは、さておいて、「総力戦」であることは、疑いようのない「大戦」で、「国民」を総動員する必要がありますから、「日本」を、「神国」であるとする発想に始まる様々な「国史観」が出現する1方で、米軍の反撃が本格化して、「戦局」の傾きが目に付くようになると、「1億玉砕論」まで飛び出して、17年の11月に初めて耳にして、僕が「昭和維新」に関心することになった「非国民」という言葉を、18年・19年には日常茶飯事として耳にするようになりました。

お互いが監視し合っている北朝鮮と同じような雰囲気になり、「1億玉砕」もあり得る雰囲気になっている19年の10月に、先生から「終戦工作に入る」旨の話があって即座に、「最後の昭和維新」と合点すると同時に、「大疑」の2字を頂いたわけですが、何よりも「死処」を得たと感謝して、大きな安心を得たわけです。

従って、繰り返し述べてきたように、20年の2月末日の明日で「工場動員」が終わるとい

う日に、東京に派遣した者が報告に来長し、学徒寮の1室で話を聞きながら3月の早い機会に上京する予定を立てたわけですが、そこに「3月2日入隊」の電報が届いて、「野戦補充員」と云うことで4月初めには玄界灘を渡り、貨車が天津駅に1時停車した時に拾った4月8日の新聞で、「鈴木内閣」の成立を知って「終戦内閣」と確信し、10日に石太線沿いの「独立中隊」に入隊して、中国共産党の「八路」と対峙することになりました。貴重な時間を、中国に従軍し、「侵略」の現場を経験することになったのも、何かの「縁」と考えながら「1期の検閲」を終わると、6月に遥か南方の雲城という古都の「旅団司令部」の「衛兵隊」に転属し、8月15日の営庭で、「終戦」の「玉音放送」を、「日本民族の首長」に回帰されての「御聖断」と拝聴しました。

そのことが「伏線」となり、「農耕隊」で、戦後では初めて「古事記」を手にした瞬間に、「御聖断」で「1億玉砕の淵」から救出された「日本民族」の、これからの「在り方」にも関係する「世界史の理論」の模索を思い立ったことから、61年に模索に着手した際は、先ず20世紀の「日本民族」が、「原初」の「人類のムレ」に淵源する「世界史的存在」であることの「手掛かり」を得ようと、「日本列島」の「人類史」の1万2千年を遡ったわけです。

ところで、繰り返し述べているように、小学生の下級生時分に、「人間」は、「猿」から分かれた「ムレを成す動物」であると教えた「物知り」の上級生は、或る雑誌に「人間の1生」

として「4（死）―3（産）＝1（生）」を投書して入賞した高等科の生徒でしたから、今の「日本人」の祖先も、その「猿」から「枝分かれ」した「人類のムレ」であると云う、「秘事」を教わった気分で確と頭に入れていたところを、もっと確かな「学問的裏付け」の「今西学」で確認したことになり、「今西学」の「縄張り」とか「棲み分け」と云う概念を僕流に敷衍しながら、「テレビ」が映し出す「野生動物のムレ」を観察していたことと、「縄文時代」に関心して何冊かの本も読んでいたことから、かねて予想していたことを実行に移して、「ムレからムラへ」の変容を確認したわけです。

尤も、「世界史の理論」の模索に関係する認識として、「文化」による「弁証法的変容であるとか、「ムレの摂理」の「共同体の道理」への変容であるとか、「共同体の態様」である「社会体制」に係る「歴史的変容」のことなどを考えたことから、それらのことを総合した形での、「ムレの段階」から「ムラの段階」への推移を認識して、「世界史」と「日本史」との「神妙な関係」にも気付いたわけです。

なお、その「世界史の理論」の模索は、「地球規模」の「人類史」を「世界史」とし、「日本列島」の「人類史」を、1つの「分流」の「日本史」として、その「世界史」と「日本史」の「全体と部分」に係る「理論」として求めることにしたものですが、「世界史」の「分流」に、「中国史」があることは、中国の「農民」から声を掛けられた時に自覚したことで、更に先にも述べたように、「地域世界史の段階」を認識した際に、地球上には１１余りの「地域世界史」の「分流」があることも認識したわけです。だから、模索する「世界史」の「理論」は、その総ての「分流」をも視野に入れたもので、「世界史」と「日本史」に係る「世界史の理論」を模索することにしたと説明したのは、「世界史の理論」の模索を思い立ったことの「契機」を、話しただけで、現実に「世界史の理論」を模索する中で、関心の重点は「世界史」の方に移っていました。

然し、その「世界史の理論」を模索することにした際、「日本列島」の「人類史」の１万２千年を遡ることにして早々に、「ムレからムラへ」の変容に気付いて、最後には１万２千年前の「ムレの段階」への移行を認識して、「世界史」と「日本史」の「神妙な関係」を印象し、爾後の「段階」の認識についても、「日本史」を「手引き」に、「地域世界史の段階」と「世界史の段階」を認識したわけです。その「世界史」と「日本史」との「神妙な関係」があるとは知らずに、偶々「日本人」の「庶民」の僕が、「日本列島」の「人類史」を遡ることにして、気付いたと云う僥倖に恵まれて、ここに披露するような「世界史の理論」を得たわけですが、その「神妙な関係」が、何時まで続くかは不明ですから、僕の「世界史の理論」の模索は、その「神妙な関係」の結果ですと云う話になるわけです。

尤も、本書の著述が、第４話に及んで、そのことにも気付いたことから、第４話と第５話を、２１世紀を迎えた「人類」に届けると云う思いで、著述していると申し上げておきます。

1、「地球規模」の「人類史」に係る「世界史の理論」の「ムレの段階」の話

繰り返し述べているように、小学校の下級生時分に物知りの高等科の上級生に、「人間」は、「猿」から分かれた動物で、「縞馬」のように「ムレを成す動物」であると教わったことから、いろいろな人の顔を見ると、中には「猿」とそっくりな大人の顔を見るだけでなく、何処となく意地悪そうな大人に「猿顔」が多いような気がして、何か「神秘な話」を聞いたように印象し、確と頭に入っていたことと、「一般社会」の授業で、「社会規範」のことを教えることがあった時期の下校時に、正門近くの本屋に立ち寄ったところ、「新刊書の棚」に陳列されたばかりの「高崎山のサル」という表題の本が目に止まり、猿の「ムレの秩序」に「社会規範」の「原型」みたいなものがあるかもと考えて購入しました。「動物のムレ」の「社会構成」を考察するためには欠かせない「個体認識」という方法を発案した今西錦司博士門の、「京大」の「学生」の調査報告書で、読み始めて、子供の世界では、小さい時には男女の別がなく、女の子でも喧嘩が強ければ、ボスになるが、女の子の方が性的に早熟で、女性を自覚すると立場が弱体化することなどが書かれていました。子供時代のことは、猿も人間も変わりないようだなと考えて読了したわけですが、子供の時分に上級生に聞いたことを、学問的に知る機会と考えたことも、さることながら、「日本猿のムレ」の研究から、「人間の社会」の考察に及ぼうとされていると知って、「今西学」をも勝手読みし始めたわけです。

なお、「進化論」については、いろいろな下等動物も健在であることから、「適者生存」は当たらないのではと勝手に考えていたところ、同じ意味ではないでしょうが、今西博士も、ダーウインを信用されていないようだと考えると同時に、今西博士の「発想」にも親しみを覚えて、「世界史の理論」の模索を後押しされたように感じたわけです。だが、「大疑の師」が博士と交際されていることを知りながら、僕が「今西学」にいろいろと学んでいることを話したことも無ければ、先生のお伴をしてお会いしたいと考えたこともない関係で終わったことも、僕の貴重な人生経験となっているところです。

ところで、僕は、「世界史の理論」を模索するに当たって、「人類」が、「ムレを成す動物」の1類であることを大前提にしているわけですから、そのことについては、「動物学」に学ぶしかないわけですが、「動物のムレ」の考察から「人間の社会」の考察に及ぼうとさせている「今西学」とは、立場と発想を異にしても、「自然科学的」な「理論」と同じような「客観的」な「世界史の理論」の模索を考えている僕は、100万の味方を得たように感じたわけで、「人類」については、〈「2足」で「直立歩行」することになって「地上」に降り立った「猿」〉という、「今西学」の規定で十分であると考える反面、「人文系」の「庶民」の僕には、「人類」は、「ムレを成す動物」の1類で、「ムレ」を成すのは、「生物」にとっての「至上命題」である「生命」の「養生」と「防衛」の為であると考えれば、十分でした。

なお、繰り返し述べてきたように、「世界史の理論」の模索に着手した際、「日本列島」の「人類史」の1万2千年を遡ることにしたのは、20世紀の「日本人」(現在人)の先祖である「縄文人」が、「集落」(ムラ)を造成し、「世界最古」の「土器」を「生活用具」とする「文化的生態」にあることも、「旧石器」の遺跡を残している「人類」が、「ムレ」を成す「自然的生態」にあったことも、承知していて、「ムレからムラへ」の変容を認識することで、20世紀の「日本人」が、原人初の「人類のムレ」に淵源することだけは、確認できると考えたものですが、それ以上のことは、考えていませんでした。

従って、「ムレからムラへ」の変容を認識してから、「ムレの生態」の「人類」を考えて、その3・4百万年の「旧人」までの「人類史」というのは、「猿類」の仲間から「枝分かれ」して、「ムレをなす動物」の1類という「自然的生態」にあって、「ムレの摂理」の規制に服していた「段階」の「人類史」で、「文化的機能」の「頭脳」を具備する唯一の「文化的動物」であっても、専ら「ムレの段階」に「自足」していて、「ムレの態様」を変化するまでには至っていなかったと推論したわけです。

ところで、「文化活動」の特徴は「好奇心」からの「観察力」で、それが「文化活動」となるのが、「発明」と「発見」ですが、「個体」と命運を同じくする「発明」や「発見」は、「文化」とならず、「ムレ」もしくは「共同体」の検証で、「ムレ」もしくは「共同体」の

「生活の知恵」として、「ムレ」もしくは「共同体」に蓄積されたものが、「文化」になる論理であると考えると、「ムレの段階」が、3・4百万年間も続いたことは、他の動物と同じ「自然的生態」にあったと云うことで、「火」の発見も「道具」の発明も、「身体能力」の劣弱を補う程度のものであったとの推測になります。他の「ムレをなす動物」と同じ生態にあったという意味では、第3話で述べたような「ムレ」の生態にあったということで、それは、「個体」の「ムレ関係」にある「集合」で、「ムレ関係」というのは、「生命」の「多即1・1即多」の関係にある「大家族的関係」です。

なお、その「規模」については、「人口論的」な「5人家族制」（親2人と子供3人）の構成を拡大しての、「親の世代」の30人に「子供の世代」の45人ぐらいが「標準」で、それだけの「集合」が「自給自足」できる領域を「縄張り」として「棲み分け」する生態にあったと考えられます。「自然物採集」というのは、「貯蔵」が出来ず、「自然物」を「現地」で「生食」する生態ですから、「地上生活」に移る時に「雑食」になったとの推測にもなります。

なお、「ムレの段階」の「ムラの段階」との何よりの違いとして指摘しておきたいことは、「ムレ」の間の交流は無く、友好する「地域世界」が成立していないということで、「縄張り」の設定についても、「協議」したという実績は無いので、本能として設定するとの推論になります。

2、「地球規模」の「人類史」に係る「世界史の理論」の「ムラの段階」の話

さて、繰り返し述べているような「契機」と「経緯」で、「終戦直後」を中国に抑留されることになった際に、模索することを思い立った「世界史の理論」というのは、「地球規模」の「人類史」を「世界史」とし、「日本列島」の「人類史」を、1つの「分流」の「日本史」として、その「世界史」と「日本史」との「全体と部分」・「普遍性と特殊性」の関係に係る「世界史の理論」のことです。「終戦」の「玉音放送」を、「日本民族」を「1億玉砕の淵」から救出された「御聖断」と拝聴し、その「御聖断」で救出された「日本民族」のこれからの「在り方」は、「世界」に通用する「歴史の理論」に学ぶ必要があるとして、発想したもので、「日本列島」の「人類史」という発想は、中学時代に初めて「古事記」を読んだ時からの「持論」を思い出したもので、「世界史の理論」の模索は、「世界」にも通用する「日本史観」を探す必要があると考えたことから、発想したものです。

なお、中学時代に初めて「古事記」を読んだ時からの「持論」をも思い出したのは、「敗戦」を招いた「国史観」ではなく、「日本民族」の「歴史」は、「日本列島」の「人類史」であると考えたのが「契機」で、「日本列島」の「人類史」を考えるなら、「地球規模」の「人類史」を「世界史」とすれば、「日本史」は、その1つの「分流」となるから、その関係の「世界史」と「日本史」に係る「世界史の理論」を模索すれば、「世界」にも通用する「日本

史観」を構築することにもなる筈と考えたわけです。「日本列島」の「人類史」と発想すれば、「地球規模」の「人類史」を「世界史」を連想するのは、当然のことで、中学の「地理の教科」に「世界地理」があって、「歴史の教科」に「世界史」が無いのを見て、「歴史的世界」は、未だ「地球規模」に達していないとした理解とは異なる発想ですから、気にする必要はないと切り捨てたわけです。

ところで、「人類」は、「アフリカ」に誕生して、地球上の各地に散在したと説明されていますから、２０世紀の「日本人」も、その「アフリカ」に誕生した「人類のムレ」に淵源しているのは、当然ということになりますが、６１年に「世界史の理論」の模索に着手した際には、２０世紀の「日本人」が兎も角、「原初」の「人類のムレ」に淵源する「手掛かり」を得たいと、「日本列島」の「人類史」の１万２千年を遡ることにしたわけで、見込み通りに、「集落」（ムラ）を造成し「世界最古」の「土器」を「生活用具」とする「文化的生態」の「縄文人のムラ」を、「日本列島」に「旧石器の遺跡」を残している「人類」の「自然的生態」の「ムレ」と対比して、「ムレからムラへ」の変容を認識したわけです。

然し、それ以後のことについては、何の先入観もなかったことから、いろいろな推論を重ねる中で、１万２千年前に、「ムレの段階」から「ムラの段階」へ移行していると気付いて、「世界史」と「日本史」の「神妙な関係」を印象したことには、僕自身が驚いたわけです。

繰り返しになりますが、後先のことは考えずに、取り敢えず、「日本列島」の「人類史」を遡って、「ムレからムラへ」の変容を認識したことから、その変容に関連しての考えられる限りのことを考える中で、その変容が、何よりも「縄張り」内を移動する「生態」から、「集落」を造成して「寝食の場」とする「生態」に変容していることに気付いて安心したのは、僕の場合テレビを見て何時も気になるのが、「象のムレ」が「幼象」を連れて移動していることでしたから、「集落」を造成して、そこに「幼象」と「母象」を置くことになれば、行動の能率が上がると考えたわけです。

なお、「農村」に育ったことから、我が家から「野良仕事」に出掛ける労働のことは、篤と知っていると同時に、その「農村」の「祖型」が「縄文のムラ」であるとも考えていたことから、いろいろと推論することが多く、「人類のムレ」が「洞穴」に残している遺跡から、「集落」を形成すれば、「生活」の「安全と安定」を確保できることは、早くから知っていたと推測すると、「食料」を持ち帰ることを知れば、「集落」（ムラ）を造成する「文化的生態」へ変容するのは、自然の「成り行き」であると、推論していました。

その「文化的生態」の「個体の集合」を「共同体」と観念し、「共同体」に係る「摂理的規範」を「道理」と観念したことから、「ムレ」に係る「ムレの摂理」の「共同体」に係る「共同体の道理」への変容を推論すると同時に、特に「態様の摂理」の「態様の道理」への変容で、「共同体の態様」である「社会体制」に係る「歴史の論理」をも推論することで、「現人」の「人類史」は、「共同体」の「文化史」となりますが、その「ムレからムラへ」の変容の最後に、「旧人」までの「人類史」の「ムレの段階」から、「現人」の「人類史」の「ムラの段階」への移行に気付いたことが、「世界史の理論」の「骨格」を為す「4つの段階」をも認識する「契機」となりました。

ところで、「ムレの段階」から「ムラの段階」への変容が、「文化」による変容であったという意味で、「ムラの段階」は、「文化的動物」の「文化活動」が始まった「段階」となりますが、その「文化活動」と見て気付くことの1つは、「ムレ」と違って、「通婚」と「交易」で友好する「地域世界」を構成して、今日に至る「国際社会」の「祖形」を形成していることです。もう1つ見落とせないことは、その「文化」が、居住する「自然環境」を反映するものになっていて、それが、次の「地域世界史の段階」への移行を差別する原因になると同時に、「歴史文化」を「拡大再生産」して、「地球規模」に統合された「世界史の段階」の21世紀の「国際社会」が、様々な「格差」の国家で構成する情況を現出していることです。

「旧人」までの「ムレの段階」から「現人」の「ムラの段階」への移行を実現した「世界史」は、「地域世界史の段階」を通して、様々な「格差」の国々で構成する21世紀の「国際社会」を現出して、その「情況」で「現代化」の「合意」を期待している論理となります。

二、「世界史の理論」の模索で認識した「世界史的」な「2段階」の話

61年に「世界史の理論」の模索に着手した際、取り敢えず20世紀の「日本」が、「原初」の「人類のムレ」に淵源することの「手掛かり」を得たいと、「日本列島」の「人類史」の1万2千年を遡ることにして早々に、「旧人のムレ」から「現人のムラ」への「文化」による変容を認識し、最終的には、「旧人」までの「人類史」の「ムレの段階」から、「現人」の「ムラの段階」への移行を認識すると同時に、「世界史」と「日本史」の「神妙な関係」を印象しました。そして、繰り返し述べてきたように、爾後の「世界史」についても、「日本史」を手掛かりにして、「縄文のムラ」を統合した「弥生時代」の「ムラからクニへ」の変容による「氏族共同体国家」から、8世紀の「民族共同体国家」に至るまでの「系譜的拡大」の「人類史」と、爾後の「江戸時代」までの、「小から大へ」と「簡明から複雑へ」の「歴史の論理」による「人類史」を認識しました。

なお、その「段階」は、「明治維新」によって終末しているので、「江戸時代」までを1つの「段階」と認識して地球上を見渡したところ、「地域」毎に様々に異なる「地域世界史」を綴る「人類史」となっていることから、「地域世界史の段階」と認識することにしました。

ところで、「江戸時代」で終末する「事態」を念頭に、18世紀の地球上を見渡して、11

余りの「地域世界」が、併存する「状況」となっているのに対して、「明治維新」後を見ると、「西欧の近代」の19世紀の「アジア侵略」に触発された形の「日本の開国」で、日本に「東回り」と「西回り」で迫ってきた「幹線航路」と、ユーラシア大陸の北側を東進してきたロシアの「幹線陸路」とが、日本で合体して、「近代」における「世界の周回路」が完成し、「地球規模」の1つの「地域世界」に統合された形になっていますから、「世界史の段階」と認識したことから、「世界史」の「人類史」を構成する「4つの段階」を認識したわけです。

なお、「世界史の理論」を模索して認識している「4つの段階」の内の、第1と第2の「段階」を、「一」の「2つの段階」の「ムレの段階」と「ムラの段階」としたのは、「縄張り」内で自給自足する「自然経済」の故に、「地球規模」の「人類史」の「世界史」を構成する単位が、「原初」の「人類のムレ」と、「ムレ」の「規模と構成」を継承する「ムラ」となっていたからです。

対して、後の「二」の「2つの段階」は、「世界史的」という言葉を使っているように、「地球規模」の「人類」の「世界史」を構成する単位が、第3の「地域世界史の段階」では、11余りの「地域世界」で、第4の「世界史段階」では、「地球規模」に統合されて1つの「地域世界」であることから、その「世界史」の「世界」は、様々な「文化的格差」の「共同体国家」で構成する「国際社会」の「世界」となっているのが、特徴となっています。

ところで、「世界史の段階」は、「地球規模」に統合された「地域世界」に1つの「世界史」が進行している「段階」で、「地域世界史の段階」は、地球上に11余りの様々に異なる「地域世界史」が進行している「段階」ですから、「視点」を異にしているように見えるかもしれませんが、「地球規模」の「世界史」の「人類史」における「段階」の違いで、「ムレの段階」は、地球上に無数に、「孤立」する「人類のムレ」が散在している「情況」の「段階」で、「ムラの段階」は、地球上に散在する無数の「ムラ」が、無数の「地域世界」を形成している「情況」の「段階」で、「地域世界史の段階」は、「農業化」を機会に成立した「共同体国家」で構成する「地域世界」が、18世紀の11余りに拡大する「地域世界史」を綴った「情況」の「段階」で、「世界史の段階」は、地球上の「全人類」が「地球規模」に統合された1つの「世界史」を共有する「情況」の「段階」です。

然し、その「4つの段階」を「世界史の理論」として認識したのは、中国・山西省の「戦場」で、「終戦」の「玉音放送」を拝聴しながら、「昭和天皇」の「民族の首長」に回帰されての「御決断」で、「日本民族」を「1億玉砕の淵」から救出された「御聖断」と感銘して、その「御聖断」に応えるには、「日本」の「民族史」に即した「日本史」を探す必要があるとして、「地球規模」の「人類史」を「世界史」とし、「日本列島」の「人類史」を、「分流」の「日本史」として、その「世界史」と「日本史」に係る「世界史の理論」を模索してきた結果としての認識に他なりません。

その「世界史の理論」の模索に着手したのは、50年代の10年を勤めた「高校教師」を辞職し、「会社勤め」に転職して上京した61年からで、定年で「勤め」を辞めた80年には、「4つの段階」を認識し、「世界史の理論」の「骨格」を認識したと考えて、一休みしたところ、80年代の後半に、偶々、「西欧の近代」が支配している「世界史の段階」の「最初の時代」の、「世界史の理論」における認識を模索することになり、「西欧の近代」と重層して、「西欧の近代」が「世界」を「植民地支配」する「時代」となっていることから、「世界の近代」と認識したわけです。

尤も、そのこととの関連で、第2次大戦後に「植民地支配」を離脱した「新興独立国」が輩出していることに気付いて、「世界史」の「時代転換」の始まりを認識すべき事態であるとし、その「時代転換」で出現する「世界史の現代」を観念して「世界史の理論」の模索の「最終のテーマ」は、「現代化」の「考察」になると「推論」しながら、「冷戦」が「時代転換」の本命視されて、「新興独立国」は「後進国」として「第3極」に押し遣られるのを見て、「現代化」の考察は、「冷戦後」まで「先送り」できるとし、「冷戦後」は、米国の「世界戦略」が転換するまでは「先送り」できるとしてきたわけです。

然し、本書の著述が、第4話と第5話に及んだところで、「西欧の近代」は「前段階」の「時代」で、「現代化」は、「段階の移行」であることに気付いたわけです。

1、「世界史の理論」を模索する中で認識した「地域世界史の段階」の話

繰り返し述べているように、中国・山西省の「戦場」で拝聴した「終戦」の「玉音放送」を、「民族の首長」に回帰されての「御決断」で、「1億玉砕の淵」から「日本民族」を救出された「御聖断」と感銘し、新しい「日本史」を、「世界史の理論」に探す必要があると考えると同時に、「地球規模」の「人類史」を「世界史」とし、「人類」が「ムレをなす動物」の1類で、「文化的機能」の「大脳」を具備する「唯1の文化的動物」であることを前提に、模索された「世界史の理論」であるべき論理になると考えて先ず「日本列島」の「人類史」を遡って、「旧人」までの「人類史」の「ムレの段階」から、「現人」の「人類史」の「縄文時代」の「ムラの段階」への移行を認識したわけです。

なお、「ムレの段階」の「人類」は、「ムレをなす動物」と同じ「自然的生態」にあって、設定した「縄張り」内の「自然物」を採取して「自給自足」し、「文化」としては、身体的劣弱性を補う程度の「発見」と「発明」を行っていることは、さておいて、4足獣でも、周囲を見渡すためには後雇で立ち上かるところを、「人類」は、常時「2足」で「直立歩行」していているわけですから、「ムレの段階」の「人類」が、「縄張り」内の「洞穴」に残している遺跡からして、「洞穴」の利用は「安全」に通ずると承知していたと推測すると、「食糧」を持ち帰ることを工夫すると、「集落」を形成する「ムラの段階」へ移行して不思議はありません。

ところで、現実に「ムラの段階」へ移行したとすると、「文化」による変容ですから、「文化活動」は活発になる筈ですが、「自然経済」と云う制約から、「ムレ」の「規模と構成」は、継承されることになりますから、その上での「文化活動」と云うことになることは、さておいて、次の「地域世界史の段階」は、その「ムラ」を統合した「ムラからクニへ」の変容で形成された「氏族共同体国家」に始まる「段階」で、「ムラ」の統合は、第１次産業革命の「農業」と云う「栽培経済」への移行が「契機」での「水田」と「水利」の開発の為の「統合」ですが、数千年も別々であった「ムラ」の統合で、「共同体」としての規模も大きくなっていることから、「統合」の為の「権力統治」と云う「政治組織」（国）が必要であるところから、「ムラからクニへ」と変容した「共同体国家」の出現と、その「共同体国家」で構成する「国際社会」の「地域世界史」が進行する「段階」となっています。

「地域世界」の「自然環境」の影響が強い「地域世界史」となっているために、「地域」毎に、様々に異なる「地域世界史」が進行する「情況」となっていることから、「地域世界の段階」と総括するしか無かった段階ですが、その「地域」毎に異なる「地域世界史」は、「ムラの段階」の「文化」の相違に始まり、「最初」で「最小」の「氏族共同体国家」が成立するのは、「農業」に移行した順となっていて、メソポタミアでは５千年前、黄河流域では３千５百年前、「日本列島」では、「水稲云工作」が伝来した「弥生時代」の２千６・７百年前となっています。

ところで、「日本列島」の「地域世界史の段階」を認識したことの「経緯」を述べることにすると、「ムレの段階」から「ムラの段階」への移行を、「日本列島」の1万2千年前と推論できることから、「世界史」と「日本史」との「神妙な関係」を印象して、爾後の「段階」の認識も、「日本史」が手掛かりになるのではと考えました。そして先ず「縄文のムラ」を統合する「歴史」を考えて、「中国」から「水稲耕作」が伝来した「弥生時代」に、「水田」と「水利」の開発を「契機」に「ムラ」の統合化が進行し、「ムラからクニへ」の変容を伴う「共同体国家」が出現していると推論したので、「共同体」を意味するという言葉を思い出して小さい方から並べたところ、「氏族」―「部族」―「民族」となったので、「弥生時代」の「共同体国家」を「氏族国家」と観念することにしました。

なお、「魏志倭人伝」の「邪馬台国」で「卑弥呼」が死亡した時に、「分国」に分かれて紛争したとあるのを見て、前漢の「地理書」の「倭」の「100余国」を思い出して、「氏族国家」と見たことから、「邪馬台国」を「氏族連合」の「部族国家」と認識して気付いたことは、「日本列島」は、「氏族国家」や「部族国家」が「棲み分け」して併存するに格好の地形にあることで、「弥生時代」の「氏族国家」―「古墳時代」の「部族国家」―「巨大古墳時代」の「部族連合」―「奈良時代」の「西日本」の「部族国家」を統合した「日本」という「民族国家」の成立を認識しました。

更に、その「民族国家の領域」を、「日本列島」の「全域」に拡大する「小から大へ」の「歴史の論理」と、「社会的分業化」に係る「簡明から複雑へ」という「歴史の論理」による進行を、「奈良時代」－「平安時代」－「鎌倉時代」－「室町時代」－「江戸時代」という歴史で見ると同時に、「江戸時代」が「民度の高い」「士・農・工・商」の「身分制」の「封建制」を実現しているのを見て、「地域世界史の段階」の「モデル的人類史」をなしていると認識すると同時に、「神武天皇」が第１代の、ハックニシラス「天皇」に即位された「大和国家」を「氏族国家」と認識し、第１０代の「崇神天皇」がハックニシラス「天皇」に即位されたのを、「大和国家」が主導した「近畿」の「部族国家」とも認識したわけです。

なお、「地域」毎に、様々に異なる「地域世界史」が進行していることは、「文化」の多様性を推測する刺激にもなることは、さておいて、例えばメソポタミアの「都市国家」を見ると、「氏の神」を中心とする「氏族国家」であることに、農・工・商の分化までハッキリしていますから、逆に先行した「ムラ」の「文化的状況」をも推測することで、「縄文のムラ」のことまで考える刺激となります。逆に、「日本列島」の「人類史」が「モデル的」であるとするのは、「氏族国家」や「部族国家」に止まっている国を認識するメドとなっています。

第５話の「現代化のテーマ」と直面する２１世紀の「国際社会」が、様々な「格差」の国々で構成されている実情にあることは、「地域世界史の段階」の所産に他なりません。

2、「世界史の理論」を模索する中で認識した「世界史の段階」の話

さて、繰り返し述べているように、「終生」を師事することになった先生から、昭和19年の10月に「終戦工作に入る」旨の話があって、「最後の昭和維新」と合点し、20年の2月末日の明日で「工場動員」が終わったら、3月の出来るだけ早い機会に上京する予定を立てたところで、3月2日の入隊となったと云う「経緯」が、中国の雲城の「旅団司令部」の営庭で、8月15日の「終戦」の「玉音放送」を、「日本民族」を「I億玉砕の淵」から救出された「御聖断」と拝聴した所以で、新しい「日本史」の必要を考える「契機」となって、「地球規模」の「人類史」を「世界史」とし、「日本列島」の「人類史」を、1つの「分流」の「日本史」とする「世界史の理論」の模索を発想しました。

なお、61年に模索に着手した際は、「人類」は「ムレをなす動物」の1類であるということと、「前頭葉」の大脳を具備する「唯1の文化的動物」であることを前提に、「日本列島」の「人類史」の1万2千年を遡ったのが「契機」で、定年で「勤め」を辞めた80年には、「世界史」の「人類史」の「ムレの段階」と「ムラの段階」と「地域世界史の段階」と「世界史の段階」の「4つの段階」を認識していました。

ところで、模索してきた「世界史の理論」の披露を思い立って、本書の著述に着手し、第4話に着手する「運び」となり、模索して認識した「4つの段階」を披露することにして、「世

界史の段階」に至ったところで気付いたのは、先行する「3つの段階」が、「過去」の「段階」で、「過去」となった「時代」を総括する「段階」であるのに対して、「世界史の段階」は、「現在」の「段階」で、その「最初の時代」である「世界史の近代」も、「現在」の「時代」ですから、総括する「時代」が存在しない「段階」となっていることでした。

然し、「日本史」を「手引き」にして模索する中で、「明治維新」によって終幕した「地域世界の段階」と、「明治維新」で開幕した「世界史の段階」とを認識し、その「世界史の段階」に該当する「日本の近代」の150年の間には、2度の「世界大戦」まで経験しているわけですから、現実に成立している「段階」ですから、その「世界史の段階」は、どのような存在であるかを考えることになりました。

尤も、「世界史の理論」を模索して認識した「段階」ですから、「世界史の理論」としての「存在意義」を考えるしかないと考えて気付いたことは、その「存在」に係る「世界史的意義」が、「世界史の段階」に出現する「時代」の「指標」になるということでした。とすれば、何よりも先ず、「世界史の理論」を模索してきた「契機」と「経緯」に探る必要があるとして、「終戦」の「玉音放送」を、「日本民族」を「I億玉砕の淵」から救出された「御聖断」と拝聴し、「御聖断」で救出された「日本民族」の「在り方」を「歴史」に探るとすれば、「地球規模」の「人類史」を「世界史」とし、「日本列島」の「人類史」を、1つの「分流」

の「日本史」とする関係の、「世界史の理論」を模索する発想をしたことを思い出しました。

更に、「人類」が、「ムレをなす動物」の1類であることと、「唯1の文化的動物」であることを前提に、先ず「ムレ」という「生態」に係る「ムレの摂理」を考えて、「ムレ」というのは、「ムレの関係」にある「個体の集合」で、「縄張り内」で「自然物」を採取して「自給自足」する存在であることから、「同類」とは、「棲み分け」する形となっているが、「縄張り内」で自足して、他と「交流」する必要はないから、「友好」する「地域世界」は、成立していないと推論したことも思い出しました。


ところで、次の「ムラの段階」は、「自然経済」であることから、「ムレ」の「規模と構成」は、継承していますが、「ムレ」の「自然的生態」に係る「ムレの摂理」を、「文化的生態」に係る「共同体の道理」に変容しています。その「ムレの摂理」は、「ムレをなすこと」の「基本の摂理」と、「固有の型をなすこと」の「態様の摂理」とからなっているので、「共同体の道理」も、「共同体をなすこと」の「基本の道理」と、「文化」として「歴史的」に変容する「態様をなすこと」の「態様の道理」とからなっていると推論して、その「共同体の態様」である「社会体制」の「改革」と「変革」を考えたことも思い出しました。

なお、「ムレの段階」と「ムラの段階」の基本的違いとして目立つことは、「ムラの段階」が「通婚」や「交易」で友好する「地域世界」を形成していることです。

ここまで辿って言えることは、「旧人」までの「自然的生態」の３・４百万年の「人類史」の「ムレの段階」は、専ら「ムレをなす動物」の１類であるのに対して、「現人」の「人類史」の「最初の段階」である「ムラの段階」は、「自然経済」の故に「ムレ」の「規模と構成」を継承することで、「人類」が、「ムレをなす動物」であることと、「縄張り」が、「自給自足」する「領域」であることと、「共同体関係」とは、「生命」に係る「大家族的関係」であることとを継承すると同時に、「ムラ」で構成する「地域世界」を形成することで、「地域世界史の段階」から「世界史の段階」に至る「現人」の「人類史」の「基調」を実現しています。

ところで、次の「地域世界史の段階」は、「ムラの段階」が、「自然経済」である故の「ムレ」の「規模と構成」を継承しているという制約を、「栽培経済」への転換を機会に撤廃して、「ムラからクニへ」の変容を実現し、「自然環境」を反映した「地域別」の様々に異なる「文化史」を綴っていることから、その「地域世界史の段階」を見て、「世界史の段階」の「世界史的意義」を考えようと無理すると、「史観」を主張することになります。

従って、「地域世界史の段階」は、様々に異なる、「地域世界史」を綴って、様々に異なる「共同体国家」を、２１世紀の「国際社会」に送り出している「現実」からは、「世界史の段階」の「世界史的意義」を認識するのは無理で、「現代化」に係る「世界的合意」から、推論する必要があると考えました。

第5話　「現代化」の話

模索してきた「世界史の理論」の披露も、「最終のテーマ」としてきた第5話の「現代化」の話で終わることになりますから、暫く「世界史の理論」の模索を思い立った「契機」と「経緯」を回顧すると、昭和20年の3月2日に「現役召集」されて、岩波文庫の「古事記」1冊だけを携帯して入隊したことが始まりで、「野戦補充員」と云うことで4月の始めには玄界灘を渡ることになり、釜山で乗車した貨車が天津駅に一時停車した時に拾った新聞で、鈴木内閣の成立を知って「終戦内閣」と確信した翌々日に、山西省の石太線の小駅前の「部隊」に入隊し、「1期の検閲」が終わった6月に、黄河が近い雲城と云う古都の「旅団司令部」の「衛兵隊」に転属して、その営庭で、「終戦」の「玉音放送」を拝聴したわけです。

「終戦」はかねて覚悟していたことですが、このような形で実現したのを見て、「日本民族の首長」に回帰されての「御決断」で、「日本民族」を「1億玉砕の淵」から救出された「御聖断」と感銘して、「御聖断」に応える新しい「日本史観」のことを考えていたのは、「昭和維新」に関心した者としての、切実な心情でした。だから、旬日後に省都の太源近くの楡次まで撤退し、9月中旬に新設の「農耕隊」に転属して、戦後では初めて「古事記」を手にした瞬間に閃いたのが、「敗戦」を機会に、「戦争」を支持して「1億玉砕論」にまで脱線した「国史観」は卒業して、「世界史の理論」を模索することの発想でした。

そのことを発想したことは、さておいて、昭和２１年の5月末日に復員して「戦後」を「大学」への復学から始めようとしたところで「戦後」を如何に生きるかを決めないと、「大学」で何を学ぶかも定まらないことに気付いて、２３年3月までを思案する中で、「昭和維新」への関心も、「世界史の理論」の模索も、「国事」に係る「思想的関心」で、その「思想的関心」を離れられないと気付いたことから、どのように関心するかを考えることになりました。

なお、１９年の１０月に「終戦工作に入る」旨の話があった際に、先生から頂いた「大疑」の2字が頭にあったことから、「思想で生きる」立場ではなく、「思想に生きる」立場での「世界史の理論」の模索を考えて、「市井」に渡世する「勤労者」の「庶民」として模索すると思い定めたので、4月から通学することにした１０月に、「学問の師」とも出会って「学問的思考」にも開眼しました。

従って、大学を卒業して高校教師を勤めた５０年代をも、「大学院的」に過ごして、「世界史の理論」を模索する準備としたことから、「会社勤め」に転職して上京した６１年に模索にも着手することになり、「日本列島」の「人類史」の1万2千年を遡って早々に、「ムレからムラへ」の「文化」による変容を認識したのを「契機」に、「ムレの段階」から「ムラの段階」への移行を認識して、「世界史」と「日本史」の「神妙な関係」をも印象しました。

なお、爾後の「段階」の認識にも、「日本史」が「手引き」になるのではと考えたことから、「縄文時代」の次は、「弥生時代」で、「弥生時代」は、「水稲耕作」が始まった「時代」ですから、「水稲耕作」となると、「水田」と「水利」の開発が必要であるので、それが「契機」で、「ムラの統合」が行われたと推測しました。

ところで、「ムラ」を統合すると、「統合」による「権力統治」が必要となることから、「ムラからクニへ」の変容による「共同体国家」が出現したと考えると、「弥生時代」には、「最初」で「最小」の「氏族共同体国家」が出現していることに気付いて、「農業」と「共同体国家」の「人類史」を辿ることにしたところ、「江戸時代」まで続いて、「明治維新」によって終幕する「段階」になっていることと、その「明治維新」によって、「日本の近代」が開幕していることを認識しました。

前者に相当する「段階」を、「世界史年表」で探したところ、5千年前に始まるメソポタミアとか、3千5百年前には始まる黄河流域とか、「地域」毎に様々に異なる「地域世界史」を綴って、18世紀の「江戸時代」の「地球上」には、11余りの「地域世界」が割拠する「情況」となっているのを見て、「地域世界史の段階」を認識すると同時に、「明治維新」によって開幕した「段階」は、11余りの「地域世界」を「地球規模」に統合した「世界史の段階」になったと推論すると同時に、「日本史」は、「共同体国家」の「モデル的人類史」となっていることと、「世界史の段階」は、「日本の開国」で成立する形となっていることで、「世界史」と「神妙な関係」となっていることにも気付いたわけです。

ところで、「世界史の理論」の模索を始めた60年代は、旧制高校の先輩の池田首相と佐藤首相の「国内経済の季節」と鉢合わせすることになり、高校の「同窓関係」で「視野」も「人脈」も一気に「日本大」に拡張する中での模索となったことから、定年で「勤め」を辞めた80年には、「世界史の理論」の「骨格」をなす「4つの段階」を認識し、「世界史の理論」の「尻尾」を掴まえたと考えて、模索の「第1段階」を終わったと印象したことから、80年代の前半には、行方不明になった印象の「学生運動」を念頭に、「維新革命の関する序説」という「私家版」を著作したところで、或る私立大学の「事務局」に関与することになりました。

片道2時間の通勤時間になったことから、通勤の徒然に、「世界史の段階」の「最初の時代」に係る「世界史の理論」を考えることにして、「西欧の近代」と重層して、「西欧の近代」が「世界」を「植民地支配」する「時代」の、「世界史の近代」と認識したところで、第2次大戦後に、「植民支配」を拒絶した「新興独立国」が輩出していることから、「世界史」の「時代転換」の始まりとして、次の「世界史の現代」を観念し、「世界史の理論」の模索の「最終のテーマ」は、「現代化の考察」であると推論しながら、その考察は「先送り」して、この第5話で漸く、その考察に着手することにしたわけです。

一、「世界史の理論」を模索して「4つの段階」と「1つの時代」を認識した話

昭和19年の8月からの「工場動員」で、長崎の「三菱造船所」に出掛けて、「04艇」という「特攻兵器」を製造する作業に従事していたところに、「昭和維新」に関心した「縁」で出会い、終生を師事することになった「先生」が、10月の或る日曜日に立ち寄られるとの連絡があったとの知らせがあったので、その日曜日に日帰りで帰熊した夜、先生が宿泊される旅館での夕食が済んだ後、少々改まった感じで、「終戦工作に入る」旨の話があって即時に、「最後の昭和維新」と合点したことは、さておいて、17年6月の「ミッドウェー海戦」の敗戦から「頽勢」に陥っていて、竟に「挽回」することが無かったとの話もあったことから、僕が「昭和維新」に関心した17年の11月には、既に「時期」を失していたと知って、「時勢」を知らないことの空しさをも痛感しました。

なお、長崎へ帰る時刻が迫ったところで揮毫して頂いた扇子に、「大疑」の二字があって、僕にピッタシの「2字」と感銘し、「大事」の指標としていることから、必要があれば、「大疑の師」とすることにして「話」を進めますが、20年の2月末日で「工場動員」が終わると、高校も卒業して、「大学」に進学するまでの3月一杯が休みになるので、3月の出来るだけ早い機会に上京する予定を立てていた2月末日の前夜、東京に派遣していた1人が報告に来長したので、海軍の「予備学生」や陸軍の「特別幹部候補生」への入隊で、空室が多くなった

「学徒寮」の1室で話を聞いているところに届いたのが、「3月2日入隊」を知らせる電報で、繰り返し述べてきたように、急遽帰省して部落の「壮行会」に出席して、「終戦の覚悟」を説いて挨拶とし、岩波文庫の「古事記」1冊だけを携帯して入隊したわけです。

「野戦補充員」ということで、4月初めには玄界灘を渡り、釜山で乗車した貨車が天津駅に一時停車した時に、空襲警報があって、雨中を防空壕に走る途中で拾った新聞が、鈴木内閣の閣僚名簿を記載している中に、阿南陸相とあるのを見て長崎で聞いた話を思い出し、「終戦内閣」と確信した翌々日に、石太線の或る駅前の「部隊」に入隊し、翌日、物干場から見える山の頂上付近を動く人影が、中国共産党の「八路」と聞いたのを始めとして、いろいろと体験する中で、「抗日戦争」が「中共」の格好の「実践の場」となっている皮肉に苦笑しながら、「日本軍」が支配しているのは、華北鉄道沿いの「点と線」で、「面」は「八路」が支配しているのではないかと印象しました。

「前線的部隊」で無いと出来なかった経験をした2月半で、6月には、黄河近くの尭・舜・禹と所縁の地域の古都の「旅団司令部」の「衛兵隊」に転属したのも、掛け替えのない体験となり、終戦後の「農耕隊」の建言や「政治思想教育班」への関与も、実現したことは、さておいて、かねて予期していた「終戦」を迎えたことから「終戦」の「玉音放送」も、僕なりの感懐で拝聴して、「民族の首長」に回帰しての「御聖断」と感銘したわけです。

従って、「御聖断」によって救出された「日本民族」の「在り方」を考えていたことから、「農耕隊」で「日本書紀」を手にした時に閃いたのが、「戦争」を支持する1方で、「1億玉砕論」にまで脱線したような無責任な「国史観」ではなく、「日本列島」の「人類史」である「民族史」を、「日本史」とすることを発想したことからの連想で、「地球規模」の「人類史」を「世界史」とし「日本史」を分流とする「世界史の理論」の模索を発想したわけです。

なお、「日本列島」の「人類史」を「日本史」とすることは、中学時代に初めて「古事記」を読んだ時からの「持論」であったことをも、思い出したわけですが、「日本民族」の「在り方」は、「恣意的」な「歴史観」ではなく、信頼できる「歴史観」に探すべきであると考えたことから、「世界史の理論」の模索を発想したわけで、その模索が、「主観的」な「歴史観」に陥らないためには、「主張」となることだけは避けねばならないと考えました。

ところで、「戦前」の中学の「歴史の教科」には、「世界史」の教科が無いことに気付いて、「歴史的世界」は、未だ「地球規模」に達していないからであると、折角理解したところ、上級に進んで、「東洋史」の「東洋」も、「西洋史」の「西洋」も、「歴史的概念」ではなく、「地理的概念」であると考えたことから、「歴史学」の「概念」も便宜的で、「世界史」という言葉はあっても、人様々であると考えていたことから、「地球規模」の「人類史」を、「世界史」とすることの1点だけは、忘れてはならないと銘肝しての模索でした。

従って、繰り返し述べているように、「人類」が、「ムレをなす動物」の１類であることと、「文化的機能」の「大脳」を具備する「唯１の文化的動物」であることとを、大前提としての、「世界史の理論」を模索してきたわけです。なお、「時・空」を超越する「思索」を行っている古今東西の賢人たちを見ても、帰属する「共同体」の「時代」の「時勢」を引き摺っていると印象することから逆に、「日本の近代」の大正１３年に生まれたことの「存在の原点」を自覚した上での、「普遍的」な「世界史の理論」を模索することを意識して、６１年に着手した際は、「日本人」の「庶民」として、「日本列島」の「人類史」の１万２千年を遡って、「ムレからムラへ」の「文化」による変容を認識し、「自然的生態」に係る「ムレの摂理」の、「ムラ」に始まる「文化的生態」に係る「概念」として「共同体の道理」という言葉を工夫し、「ムレの段階」から「ムラの段階」への推移を認識したわけです。

その「認識」に際しての「世界史」と「日本史」との「神妙な関係」には、正直に驚いたわけですが、「歴史」は「成り行き」でもあることから、爾後の「段階」の認識についても、「日本史」が「手引き」になるのではと考えて、「地域世界史の段階」と「世界史の段階」をも認識し、定年で「勤め」を辞めた８０年には、「世界史の理論」の「骨格」をなす「４つの段階」を認識して、８０年代には、「世界史の段階」の最初の「時代」である「世界史の近代」をも認識したわけです。

1、「世界史」の「人類史」の「4つの段階」の認識に係る「世界史の理論」

「世界史の理論」の模索を発想したのは、「終戦」の「玉音放送」を、「日本民族」を「1億玉砕の淵」から救出された「御聖断」と拝聴した1月後の9月中旬に、新設の「農耕隊」に転属した日の夜、3月の入隊時に携行した文庫本の「古事記」を手にした時のことで、21年の5月末日に復員し、「大学」に復学するに際して、「戦後」を如何に生きるかを23年3月まで思案する中で、「市井」に渡世する「庶民」として模索すると思い定めて、通学を始めた10月に「学問の師」とも出会いました。そして、高校教師を勤めた50年代の10年を、「大学院的」に過ごした61年に、「会社勤め」に転職して上京した機会に、「世界史の理論」の模索にも着手したわけです。

ところで、「市井」に渡世する「勤労者」の「庶民」として模索することにしたのは、「中間管理職」までは、担当する職務相当の仕事をすれば、「給料」を詐取することにはならないと考えたわけで、最初の1部上場の専門商社は、「営業部長」で退職し、再就職した1部上場の建設会社は、「企画部長」を勤めた後に「定年」で退職し、最後の「私立大学」も、「事務局長」で「定年退職」しましたから、「勤労者」の「庶民」として「市井」に渡世するとしたことは、守り通したことになりますが、同時に、「世界史の理論」を模索するという「意識」だけは、不断に堅持していました。

従って、折々の思索を刺激される機会には、事欠かず、定年で「勤め」を辞めた80年には、「4つの段階」を認識していたわけですが、「論文」を書く必要の無い立場で、僕の「ペース」での自由な模索で、定年で「勤め」を辞めた80年には、20世紀までの「全人類史」を網羅すると同時に、「世界史の理論」の「骨格」をなす「4つの段階」を認識して、「世界史の理論」の「尻尾」を掴んだと印象したわけですから、模索の「第1段階」を終えた気分でした。

尤も、僕が決めた「世界史の理論」の模索を、僕なりの方法で推進してきて、定年で「勤め」を辞めた80年までに、認識した「4つの段階」ですが、「ムレの段階」と、「ムラの段階」と、「地域世界の段階」と、「世界史の段階」との「4つの段階」で、全「人類史」を「網羅」しているだけでなく、「世界史」の「人類史」の「骨格」を把握する形になっていることには、異論はあるまいと考えています。

なお、僕なりの方法で、「日本列島」の「人類史」の1万2千年を遡ることにしたのは、かねて、そうすれば、「ムレからムラへ」の変容は認識できると見ていたことを、実行したわけで、実行したところ、予想通りに「ムレからムラへ」の変容を認識したわけですが、関連しての推論を重ねる中で、「ムレの段階」から「ムラの段階」への移行を認識して、最初に驚いたのが、「世界史」と「日本史」の「神妙な関係」で、そのことから「日本史」を「手引き」にして、容易に「地域世界史の段階」と「世界史の段階」をも認識することになったわけです。

なお、「4つの段階」が、「全人類史」を網羅する「段階」の認識になっていることについては、「客観的」にも評価できる「認識」となっているという意味で、僕の独りよがりの「夜郎自大」ではない筈ですが、偶々僕が日本人で、「世界史」と「日本史」との「神妙な関係」にあったことから、そういう幸運な結果になったわけで、僕は先ず、そうしたいと思ったことを実行しただけで、その方法では、模索は無理だと解れば、他の方法を考えればよいとしたものですが、僕の関心は、「世界史の理論」を模索することですから、僕が選んだ方法で、「4つの段階」を認識したことだけは、事実となっています。

何れにしても、無理をしないというのか、模索する際の姿勢で、21年に復員して、「大学」に復学する前に、「戦後」を如何に生きるかを、23年の3月まで思案することになり、「世界史の理論」を、「市井」に渡世する「庶民」として模索すると思い定める際は、20世紀の「人類」が直面する問題が、「近代の克服」にあるとすれば、「世界史の理論」を模索することには、そのことに係る模索という面もあると考えていました。

なお、21年の5月末日に復員した際には、GHQに強要された政府の「憲法草案」も、既に発表されていて、第1次大戦後の「大正デモクラシー」を実現するような内容ですから、「開化の戦前」が下地となって、定着して行くであろうという情勢で、「ソ連」に「軍事占領」されて「社会主義体制」を強要されている「東欧」と比べると、米・英が主敵の「太平洋戦争」で、「ポツダム宣言」を受け入れての「敗戦」も「成り行き」であると納得していました。

又、「政治改革」で、「全国区」の「参議院議員」が廃止された時、戦後の第1回の「全国区」の選挙からの総てを概算して、最初から最後まで、棄権票30％・保守票45％・革新票25％で固定していて、日本人の安定した「国民意識」にも気付いたわけです。念のために言うと、「革新票」としたのは共産党と左派社会党で、他はすべて保守票としたわけで、保守票の中の15％と革新票の5％は浮動票でした。

ところで、「人類」は、アフリカで誕生して、地球上に散在していたということですから、20世紀の「日本人」は、「日本列島」に辿り着いた「人類」の「子孫」ということになりますが、大陸に接続して「陸橋」に移住した人や、「日本列島」に各地から渡来した人たちの「混血」となっているようです。「日本列島」は、「ユーラシア大陸」の「東海」に孤立するような「列島」で、「渡来」はあっても、「侵入」はなく、「棲み分け」には最適の「自然環境」にあって、「日本」という20世紀の「民族共同体国家」を形成してきた「人類史」の「列島」です。だから、「世界史の理論」の模索に際しては、その「人類史」を辿ることで万人が認めざるを得ない「4つの段階」を認識して、その「理論」の「尻尾」は掴めたと考えています。

2、「世界史の近代」と「現代化」を認識したことに係る「世界史の理論」

「世界史の理論」の模索に着手したのは、大学を50年に卒業してからの10年を勤めた「高校教師」を辞職し、「会社勤め」に転職して上京した61年で、「市井」に渡世する「勤労者」の「庶民」として模索するという、48年来の「志」を実行に移したわけですが、「高校教師時代」に「マルクス主義」を勝手読みする中で、「主張」（イデオロギー）に引き寄せた「史観」ではなく、「客観的」な「理論」でないと信用できないと考えていました。

又、「動物のムレ」の研究から「人間の社会」の研究に及ぼうとして、「人間社会」に係る「個体認識」という手法で、「日本猿」の「ムレの研究」を行っている「今西学」をも勝手読みして、繰り返し述べているように、「人類」が、「ムレをなす動物」の1類であることと、「文化的機能」の大脳を具備する「唯1の文化的動物」であることを大前提に、「人類のムレ」が地球上に無数に散在する「情況」を、「原初の情況」とする「世界史の理論」を模索することにしたわけです。

その手始めとして、「日本列島」に「旧石器時代」の遺跡を残している「自然的生態」の「旧人のムレ」と、「集落」を造成して「土器」を「生活用具」としている「文化的生態」の「縄文人のムラ」との「接点」が見付かればと、「日本列島」の「人類史」の1万2千年を遡って、「自然経済」の故に「ムレ」と「ムラ」の「規模と構成」に変化はないが、「食糧」を「現地」で「個体」が「生食」するために、「縄張り内」を移動するのが「ムレ」の生態で、「ム「集落」を「寝食」と「加工」と「貯蔵」の場所として「天然物採集」に出掛けるのが、「ムラ」の「生態」であることに気付いたことから、「旧人のムレ」が「自然の洞穴」に様々な「遺跡」を残していることにも気付いたわけです。

と云うことは、「洞穴」を利用すれば、「安全」が図れると承知していたことになりますから、例えば「加工」と云う発見を「契機」としての「集落」の造成は、容易に推論できることに気付いて、「旧人」までの「人類」の「ムレの段階」から、「現人」の「人類史」の「ムラの段階」への「文化」による変容を推論すると同時に、その変容を、「日本列島」の１万２千年前と推論できることから、「世界史と「日本史」の「神妙な関係」を印象したわけです。

従って、爾後の「段階の認識」にも、「日本史」が「手引き」になるのではと考えて、「地域世界史」の段階」と「世界史の段階」を認識すると同時に、「日本史」が「地域世界史の段階」の「モデル的人類史」になっていることと、日本が「開国」した明治元年を「世界史の段階」が成立した時と看做せることとの、「神妙な関係」にも気付いたわけで、これまでは「認識」できても、これからも認識できるとは言えないと考えながら、「４つの段階」を認識したことの幸運を思って、「第１段階」を終わったという気分になったわけです。

ところで、60年の「安保騒動」を機会に、50年代の10年を勤めた「高校教師」の職を辞めて、「会社勤め」に転じて上京したのは、「世界史の理論」の模索に着手するためですが、副次的には、60年の「安保騒動」の主役を勤めた「3派全学連」が、「安保騒動」をどのように総括して70年に向かうかを、東京で見たいと考えたわけで、と云うのは、「三井三池の争議」が、1万の警察官の出動で鎮静化するのを見て、明治時代なら軍隊が出動したところかと考えているところでの「安保騒動」であったことから、「安保騒動」が「国会」へ突入する事態となれば、岸首相なら、「自衛隊」の出動を考えて不思議はないと見ると、「安保騒動」は、岸首相には届いていないと見るしか無く、退陣は「女子学生の死亡」が原因となります。

なお、「安保条約」は改定されているわけですから、どう総括するかが問題であると関心したのは、旧制の高校時代に「昭和維新」に関心していた僕には、「大疑の師」との出会あり、「終戦工作に入る」旨の話があって、「最後の昭和維新」と合点していたので、「終戦」と同時に卒業して、「国事」に関心したことを、「世界史の理論」を模索する「契機」にしているわけですが、昭和の初めには、「マルクス主義」に心酔して、「人生」を棒に振った俊秀も、少なくないわけですから、「学生運動」が総括を誤って悲惨な結果を招くことになれば、「当事者」だけの問題ではなく、「日本民族」にとっても残念なことになると考えたわけです。と云うのは、「共産党」の活動は、「社会主義陣営」寄りですが、「3派全学連」には、

「独立の気概」を示すものがあると思っていたわけで、「安保闘争」の種には事欠かないことから、「闘争主義」を懸念しているところで、乳がんで東大病院に入院していた妻が、６８年７月に病没し、半年後の６９年１月に「安田講堂の落城」となったので、７月に退職し、出版社の社長をしている高校時代の友人と、学生向けの文庫本型の「思想書」の出版などを検討していたところ、文庫本型となると「最初」に１２冊ぐらいを纏めて出版し、「専用の本立」を付けないと、店頭にも出ないのではとなりました。

したがって、僕が再就職して、１２冊ほどの編集を考えることにして、１部上場の建設会社に就職したところ、本職と「法務」が忙しく、本の方は手つかずのまま、企画部長などを勤めて定年退職したわけですが、「世界史の理論」の方は、「４つの段階」を認識していたことから、８０年代の前半に行方不明になった印象の「学生運動」の方が気になって、「維新革命に関する序説」という「私家版」の１書を著作したところで、よんどころない事情から、或る私立大学の「事務局」に関与することになりました。

と云うことの次第で、「自動車」通勤に切り替えるまでの2年ほどが、片道2時間の電車通勤となったので、「世界史の段階」の「最初の時代」で、「西欧の近代」や「日本の近代」が該当する「近代」で通ずる「時代」の、「世界史の理論」による認識を模索することにして、「西欧の近代」と重層する「世界史の近代」を認識したわけです。

二、「世界史の近代」の「現代化」を「段階の移行」とする「世界史の理論」の話

大学への片道2時間の通勤時間の徒然に、最も熟知している「現在の時代」を考えることにして、その「現在の時代」が、「世界史の段階」の「最初の時代」であることに気付いたことは、さておいて、その「現在の時代」に係る「世界史の理論」による「認識」を模索することにして、「世界」を見渡したところ、「西欧の近代」の19世紀の「世界進出」が「契機」で、「世界史の段階」と「最初の時代」が成立したという「経緯」を反映して、その「最初の時代」は、「西欧の近代」と重層して、「西欧の近代」が「世界」を「植民地支配」する「時代」となっていることから、その「歴史的事情」を記憶するのも「歴史の論理」であるとして、「世界史の近代」と認識することにしたところ、第2次大戦後に、「植民地支配」を拒絶した「新興独立国」が輩出していることに気付いたわけです。

従って、「世界史」における「時代転換」の始まりを認識すべき「事態」として、その「時代転換」で成立する「時代」を、「世界史の現代」と観念したことから、その「現代化」は、「世界史の理論」の模索の「最終のテーマ」になると推論したわけですが、「冷戦」を、「近代」と「ポスト・近代」の「本命的相克」とする見方が、「支配的」で、「新興独立国」は、「後進国」として「第3極」に押し遣られる「運び」になりました。

「世界史の理論」としては、こちらの認識が正しいが、止むを得ない「成り行き」と見たの

は、「冷戦」が、「米国陣営」と「ソ連陣営」という「世界」を2分する「勢力」の対立となっていて、「現代化の考察」も、「冷戦後」までは「先送り」できると見てのことで、「主張」はしないと考えているからのことでした。

大学の方は１９８９年の3月に、「事務局長」で「定年退職」することになったので、何はおいても、「維新革命に関する序説」を書き直す予定を立てていたところで８９年の1月7日となり、「昭和天皇」が崩御されて、「昭和」が終焉することになったので、取り敢えず「戦後の昭和」を、「１５年幅」の「時勢」の「季節」で整理することにしました。６０年までを「国内政治の季節」、７５年までを「国内経済の季節」、９０年までを「国際政治の季節」としたところで、年末近くとなり、「ソ連」が解体して、「冷戦」が解消する「運び」となりましたから、「世界史」の「時代転換」の再始動を推測し、９０年代から０５年に至る「平成」の「国際政治の季節」を設定しました。

尤も、唯一の「超大国」となった米国が、「冷戦の解消」を「近代の勝利」として、「世界」の「１極支配」の「世界戦略」に乗り出し、日本が「片棒」を担ぐ「成り行き」となるのは、必至でしたから、「現代化」の考察は、その「世界戦略」が転換するまでは「先送り」できると切り替えました。

ところで、米国の「１極支配」の「世界戦略」は、９１年の「湾岸戦争」を皮切りとしたことから、日本は、当事国のサウジに次ぐ90億ドルという巨額な「軍事費」を拠出しただけでなく、「ショウ、フラッグ」という言葉に応えて、「自衛隊」を派遣するために、自民党の小沢幹事長が先頭で「集団的自衛権」などと騒ぎ立てて、「冷戦中」の「同盟関係」を自ら「従属関係」に変更する動きをして、米国の高姿勢を招いています。だが、その「世界戦略」が通用しているのは日本だけのようで、「湾岸戦争」に出動したのが、米軍主体の多国籍軍であるのを見て、「冷戦の解消」で解体したのは、「ソ連陣営」だけでなく、「米国陣営」も解体していると見ると同時に、「冷戦後」には、「冷戦」までの「論理」は通用しなくなっているのではと懸念しながら、「湾岸戦争」が「局地的」であったことが、米国の「世界戦略」を「矮小化」していると考えることにしました。

然し、2001年の「貿易センタービル事件」を「契機」とした「イラク戦争」で、ブッシュ・ジュニアが「1極支配」を声明すると、「EU」と「国連」が即時に「反対」を表明して、米国の「国際社会」における「勢威」の衰退を示していることから、米国の動きも、「冷戦後」の「世界史的動き」の1部と見ると、「中近東」でも成功したと言えず、中国が世界第2位の「経済大国」に成長しているのも、その動きの1環と見えることは、さておいて、米国が超大国であることに変わりは無く、05年にはブッシュ・ジュニアの子分になった小泉首相が「従属国化」を進めていましたから、20年に至る続「国際政治の季節」を設定しました。

ところで、16歳年長であった2人の先生が、06年と08年に、96歳と98歳で亡くなったので、僕の寿命も考えて、「東日本大震災」の１１年の８月から、模索してきた「世界史の理論」を披露する本書の著述に着手して、１４年までに第３話までを終わり、１５年の１月に第４話に着手して、「世界史」の「人類史」の「４つの段階」をナゾルことにして、「地域世界史の段階」の「日本史」が、「弥生時代」から「江戸時代」までに、８つ以上の「時代」を経緯していることに気付いたことから西欧発の「発展段階説」と違って、「段階」が「時代」の「上位概念」であることを発見すると同時に、「世界史の段階」が、先行する「３段階」と違って、「現在」の「段階」で、その「世界史的意義」が、「時代」の「指標」であることに気付いて、「現代化」が、「弁証法」に馴染まないことにも気付いたわけです。

従って、その「世界史的意義」を、「世界史の理論」を模索してきた「経緯」に探ることにして気付いたのは、「世界史の段階」は成立しているが、その「最初の時代」である「世界史の近代」を支配している「西欧の近代」が、「地域世界史の段階」の「西欧世界史」の、１８世紀の「後半」に成立した「時代」で、「世界史の近代」が、「前段階」を引きずる「過度期的存在」となっていて、「現代化」と絡めないと考察できないということがわかりました。

という次第で、その「考察」を第５話に持ち越したところ、その「現代化」は、「時代の転換」ではなく、「段階の移行」で、「段階の移行」は、「合意」による移行ではないかと考えて、その「合意」を忖度する「運び」となったわけです。

1、「世界史の近代」の「現代化」は「段階の移行」と認識した「世界史の理論」

第4話で、「世界史の段階」の「世界史的意義」を考察することになった「契機」は、「ムレの段階」と「ムラの段階」は勿論のこと、「地域世界史の段階」も「過去」の「段階」で、「過去」となった「時代」を総括する「段階」と見たところ、「世界の段階」は、「現在」の「段階」で、その「最初の時代」の「世界史の近代」も、「現在」の「時代」で、総括する「時代」が皆無であることに気付いたことでした。そのような「段階」が、何故に成立しているかを考えると、その「世界史的」な「存在意義」が、これから「出現」する「時代」の「指標」をなすという「論理」を、推測するしかありませんが、そうなると、「世界史の理論」を模索してきた「経緯」から推論するしかないとして、「人類」が、「ムレをなす動物」の1類で、「文化的機能」の「大脳」を具備する「唯1の文化的動物」であることを大前提に「地球規模」の「人類史」を「世界史」としての「世界史の理論」を模索することにして、「旧人」までの「自然的生態」の「人類史」を「ムレの段階」と認識したことを考えました。

なお、「動物」には、「ムレをなさない動物」と「ムレをなす動物」とがあって、「ムレをなす動物」が「ムレをなさない動物」に変容したことも、逆の場合も無いとして、「ムレをなす動物」に係る「摂理」を推測すると、「ムレの摂理」は、「ムレをなすこと」の「基本の摂理」と、「固有の型をなすこと」の「態様の摂理」が区別できるようです。

なお「生物」としての「動物」は、「生命」を宿す「躯体」を養生する「エネルギー」を、「食物」を摂取することから得ていますから、「動物」に係る「摂理」は、「地球環境」が与える「食糧」の割り当てに係る摂理と考えることができそうです。

ところで、動物は、その「自然的生態」に自足して生息しているわけで、「ムレの段階」の「人類」も、「ムレ」をなして、「縄張り」内の「自然物」の「食物」を「生食」する生態に、３・４百万年の間を自足しながら、「文化的機能」の頭脳で、「集落」を造成する「生活」を展望していたから、その「生態」の移行を可能とする「条件」が、「文化的工夫」として実現した時に、「ムラの段階」へ移行したと推論できる論理です。

同時に、その「移行」は、「自然経済」であることには、変わりがないことから、「ムレ」の「規模と構成」には、変化が無く、変容したのは、「態様の摂理」で、「文化」として「歴史的」に変容する「文化的生態」への変容で、その「変容」を示す概念としたのが、「共同体の道理」という言葉で、「態様の道理」への変容と云うことになります。

「ムレ」の「自然的生態」の「ムラ」の「文化的生態」への変容で、最も目立つのは、「自然経済」で「ムラ」の「規模と構成」に変化が無いのに対して、近接する「ムラ」の間での「通婚」と「交易」で友好する「地域世界」が成立していることです。

「世界史の段階」の「歴史的世界」は、「地球規模」の「国際社会」ですが、「地域世界史の段階」での「歴史的世界」は、18世紀末の11余りの「地域世界」を形成することになる「人類史」の、折々の「地域的国際社会」ですから、「ムラ」を統合した「氏族共同体国家」で構成する「地域的国際社会」に始まる「人類史」となっています。「ムレの段階」での「ムレ」は、「縄張り」内で「自給自足」する「自立」（孤立）する存在のようですから、「文化的動物」としての「人類」の「世界史」は、「地域世界」を形成した「現人」の「ムラの段階」に始まることになり、「地域世界史の段階」を経て、「現在」の「地球規模」の「世界史の段階」に至っているわけです。その意味では、「現人」に係る「人類史」としての「世界史」は、「人類のムレ」に係る「ムレの摂理」を変容した「共同体の道理」の、「共同体をなすこと」の「基本の道理」と、「文化」として「歴史的」に変容する「態様の道理」の「文化史」となっている論理です。

ところで、「ムレの段階」の「文化活動」は、「身体的劣弱」を補うための、「火」の使用の発見とか、「弓・矢」や「石器」などの発明などに限局されているのに対して、「ムラの段階」の「文化活動」は、「ムレの段階」への移行が、「文化」による移行であったことから、「自然経済」の故に「ムレ」を継承した「規模と構成」と「自然的環境」という「制約」はあるものの、それ以外に「発見」・「発明」・「工夫」を制約するものはありません。更に「ムラ」を統合した「氏族共同体」が成立すると、「ムラからクニへ」と変容しています。

従って、「ムラ」の制約から解放されたわけで、「地域世界史の段階」の「文化活動」に係る制約は、その「地域世界」の存在する「自然環境」と、先行する「ムラ」以来の「文化環境」との「歴史的環境」の「地域性」だけとなって、「地域」毎に様々で、「共同体の歴史」としては、「モデル的」な「日本史」も、「文化史」としては、１つの「地域世界史」と云うことになります。

さて、第４話で記述したような「世界史的意義」を考える中で、「人類史」は、「人類」が存在し続ける間は、存続する歴史であると納得したわけですが、その中で、旧人までの「人類史」は、「ムレの段階」で終わっています。その伝で云うと、「ムラの段階」に始まった「現人」の「人類史」も、「ムラ」で構成した「最初」で「最小」の「地域世界」が、「地域世界史の段階」の様々な「統合化の歴史」を綴って、１８世紀の地球上には１１余りの「地域世界」が割拠する形となり、更に、「西欧の近代」の１９世紀の「世界進出」を契機に、「地球規模」に統合された「唯一」で「最大」の「地域世界」の「世界史の段階」に至っていますから、「現人」に係る「人類史」は、「世界史の段階」で、完結する論理となります。

従って、「世界史の段階」の終末には、新しい「人類史」が始まると云うことも、「世界史の段階」の「世界史的意義」を考える要素になりますが、先決となるのは、「現代化」が、「段階の移行」であることの考察となるようです。

2、「世界史の近代」の「現代化」は「段階」の「合意の移行」とする「世界史の理論」

本書の著述も、最終の第5話の「現代化」の話を記述する段になったわけですが、８０年代に、「世界史の段階」の「最初の時代」を、「世界史の理論」に係る存在として考察することにした際に、「西欧の近代」と重層し「西欧の近代」が「世界」を「植民地支配」する「時代」として、「世界史の近代」と認識したところで、第２次大戦後に「新興独立国」が輩出していることに気付いて、「世界史」の「時代転換」の始まりを認識するべき「事態」とし、「世界史の現代」を観念したことから、「世界史の理論」の模索の「最終のテーマ」は、「現代化の考察」になると推論していました。

然し、「冷戦」を「時代転換」の本命とする見方が、支配的であることから、「冷戦中」は、「冷戦」が終わるまではと「先送り」し、「冷戦後」は、米国の「１極支配」の「世界戦略」が転換するまではと、「先送り」してきたわけですが、本書の著述が進んで、第5話について記述する「運び」になったということです。

ところで、模索してきた「世界史の理論」を披露する目的で、本書の著述を始めたわけですが、「市井」に渡世する「庶民」として模索してきた立場は、「歴史」を専門とする「研究者」と違って、「論文」を書く必要の無いので、模索してきた「世界史の理論」についての著述は、本書が初めてとなります。

従って、本書を著述しながら、模索してきた「世界史の理論」を整理することになて、本書を著述する中で発見したことなどもあって、その最たるものとして第5話に持ち越したのが、「現在」の「世界史の段階」に係る「世界史的意義」の件でした。

第4話の〈「世界史」の話〉を記述する中で、「世界史の段階」が、先行する「3段階」と違って、「現在」の「段階」で、総括する「時代」も無い「段階」として成立していることから、その「世界史的意義」が、この「段階」に出現してくる「時代」の「在り方」の「指標」であると考えて、その「世界史的意義」を、「過去」の「3段階」に探ることにして、「地域世界史の段階」の「文化史的意義」を考えようとしたところ、複雑多岐で、「史観」となる危機があることから、第5話まで持ち越して、「現象化」するのを待つことにしたわけです。その1方で、「世界史の近代」と重層する「西欧の近代」が、「地域世界史の段階」の「西欧世界史」の、18世紀の「後半」に成立した「時代」であることに気付いたことから、「世界史の近代」が、「地域世界史の段階」を引きずる「過度期的存在」となっていることに気付いて、「現代化」が、「時代の転換」ではなく、「段階の移行」であることを発見しました。

なお、「世界史の近代」が、「前段階」を引きずる「過度期的存在」であるとしても、「世界史の段階」の「最初の時代」である限り、「世界史の現代」の「世界史的意義」の影響から皆無ということにはならないのではと考えました。

「冷戦後」には、「冷戦」までの論理が通じなくなっていると印象したことを思い出して、「世界史の近代」が、その「世界史的意義」の方に「ズレタ」と考えて納得しました。とすれば、「段階の移行」としての「現代化」は、そのズレタ「世界史の近代」の「最終」から、「世界史の現代」の「最初」への移行になるとして、「移行の情況」を推測し、「最終」と「最初」が接する形での移行であると気付いたことから、「最終の情況」の中に「移行」に係る「合意」が成立していて、「平和的な移行」になるのではと、推論するに至ったわけです

従って、「ムレの段階」から「ムラの段階」への移行について考えたところで、テレビで見て何時も気になる「幼象」を伴った「象のムレ」を思い出すと同時に、「縄張り内」の「洞穴」に様々な利用の痕跡を残している「人類のムレ」を想像して、「寝食の場」としての「集落」を造成し、「幼児と母親」とを「集落」に残すことができれば、「安全と安定」が図れることを、「ムラの段階」の最終の「旧人」たちは、「承知」していたと推測しました。

又、「日本史」でいうと、「縄文時代」から「弥生時代」への移行が、「ムラからクニへ」の変容による「氏族共同体国家」への移行で、「自然物採取」の「自然経済」から「農業」（水稲耕作）という「栽培経済」への移行に係る、「水田」と「水利」の開発が契機の統合で、「自然経済」よりも遙かに「安定した生活」への移行であると同時に、かねて「交友関係」にあった「地域世界」の統合であることから、「水稲耕作」を習得中の「縄文人」に、

「統合」についての「合意」が成立していたと推測しました。

なお、「時代の変革」は、「守旧派」と「変革派」の「抗争」が避けられませんが、「段階の移行」は、「合意」ではないとする証拠は無いと印象しました。

以上のように推論したことから、２１世紀を迎えた「人類」と「諸国」は、「現代化」に係る「合意」を形成する〈「資格」と「責任」〉に直面していると考えているわけですが、この〈「資格」と「責任」〉というのは、「法治主義」の〈「権利」と「義務」〉に対して、「共同体の道理」にふさわしいものとして「発想」したもので、「契機」となったのは、「終戦」の「玉音放送」を、「日本民族の首長」に回帰されての「御聖断」と拝聴しながら、「天皇」には、「日本民族」を「１億玉砕の淵」から救出する「責任」はあっても、「日本民族の滅亡」を決断する「資格」はないことを、お示しになった「御決断」と感銘したことです。

その「論理」で見ると、「現代化」を合意する「資格」と「責任」を有する「国際社会」を構成している諸国は、「国連」の加盟国に見るように、大国と小国・先進国と後進国などの様々に異なる実態にあるわけですが、それは、「地域世界史の段階」の「世界史」の「人類史」の所産ですから、そのような「国際社会」の「情況」で「現代化」に係る「合意」を求めるのが、「世界史の理論」であるという論理であるとも云えそうです。

さて、繰り返し述べているような「契機」と「経緯」で、１９６１年から２０１７年までの

57年を「世界史の理論」の模索してきて言えることは、「歴史」と云うと、「時代の変遷」と考えるのが常識ですが、「地球規模」の「世界史」の「時代」を総括する「段階」の、「ムレの段階」と「ムラの段階」と「地域世界史の段階」と「世界史の段階」との、「4つの段階」を認識すれば、「世界史」を見渡せる「視野」を獲得すると同時に、21世紀の「人類」が直面する「世界史」の「現代化」と云う「テーマ」は、「西欧の近代」と重層する「世界史の近代」が、「前段階」を引きずる「過度期的存在」となっていることからの、「段階の移行」である論理も、合点できる筈です。

ところで「段階」が、「時代」を総括する「上位概念」であると云うことは、「地球規模」の「人類史」の「世界史」については、「段階」と「時代」と「時勢」があって、「世界史」を「段階」の「人類史」と見るのが「世界史の理論」で、「段階」の「時代」を「歴史の論理」で見るのが「通常の歴史」で、「時代」の「時勢」を見るのが「政策学の論理」であると、整理できます。

なお、「4つの段階」に係る「世界史の理論」は、「人類」が、「ムレをなす動物」の1類であることと、「文化的機能」の大脳を具備する「唯1の文化的動物」であることを前提に、「ムレの段階」にあっては、「ムレをなす動物」に自足して、「文化」は、その「自然的生態」を補充する程度で推移することに任せて、その文化的蓄積で、「ムレからムラへ」と変容する時点に至ると、「ムラ」の「文化的生態」へ移行するのに任せている印象です。
又、「文化的生態」の「現人」の「ムラの段階」については、「最小」の「地域世界」を形成して、居住する「自然環境」に即応する「生活文化」に任せる形となり、第１次産業革命で「農業化」を実現したところから、様々に異なる「文化史」の「地域世界史」が進行する「地域世界史の段階」となっています。その結果として、「現代化」と直面する２１世紀の「国際社会」が、様々な「文化的格差」の国々で構成される「現実」となっているのも、「世界史の理論」を推論すべき現象となっています。

なお、「世界史の理論」が、「非情」な「歴史の論理」の「大系」である限り、その「理論」に合致している場合には、寛容で、その「理論」に違背する場合には、間違いなく「衰亡」と云う結果を招くと推論すると、２１世紀の「国際社会」が、必要な「合意」を実現できなければ、「人類」は滅亡するだけとする反面で、「文化的動物」である「人類」は、「文化的知恵」を出す存在であると楽観する姿勢であることも見えてきます。
僕も、「文化」とは、「生活の知恵」であると云う意味で、その「楽観」に付き合う心算であると、云い添えて、本書の著述を終了することにします。

完

「世界史」の話

2017年7月20日初版発行
著　者　　有馬東洋男
発行者　　井上　一夫（大疑社同人）
発行所　　株式会社　高城書房
鹿児島市小原町32-13
TEL099-260-0554
振替02020-0-30929
印刷所　　高城書房印刷部
HP http://www.takisyobou.co.jp

ISBN978-4-88777-162-8 C0021